影响孩子一生的（彩图版）

中外名人成才故事

Celebrity Stories

主编/龚勋

圣哲名师

江西教育出版社
JIANGXI EDUCATION PUBLISHING HOUSE

为你打造
一所成功学院

　　每个人都梦想成功，每个人都有成功的潜能，但不是每个人都能成功，只有掌握成功的秘诀才有可能获得成功。那么，从哪里可以学到成功的秘诀？从本系列图书开始，你将步入一所不同凡响的成功学院，这里的老师个个都是其所在领域中创造历史、改变历史的精英人物。

　　"影响孩子一生的中外名人成才故事"系列汇集了古今中外数百位名人，既有雄韬伟略的领袖，又有勇猛无畏、叱咤风云的军中豪杰；既有睿智深刻的哲人，又有孜孜追求真理的科技英杰；既有笔耕不辍的文坛俊杰，又有创造精湛艺术的杰出代表……他们将带领孩子们去回顾他们的成长历程，将他们博大精深的智慧传授给孩子们，更重要的是带孩子们体验和领悟他们那种为了理想执著追求的勇气和精神。

　　这些名人们的成长积累下丰富的成功经验，是帮助我们走向成功的一条捷径。只要我们认真学习、深刻领悟，我们也会像这些名人一样，通过不懈努力一步步走向辉煌！

Celebrity

总有一种力量
让我们前行……

　　在人类社会各个阶段中，总有着一些与众不同的人物：他们具备睿智的目光，拥有深邃的思想，蕴藏超人的智慧，具有追求真理的精神……在无法逆转的社会进步大潮中，他们用自己的杰出贡献在人类历史上留下了一串串不可磨灭的印迹。

　　但是，名人不是自然生成的，他们也曾和我们一样默默无闻，也曾在迷惘与困顿中徘徊……但是，他们的坚毅品性、过人胆略、恒定信念与执著勇气，使他们熬过了人生的严冬，迎来了生命的春天。

　　本系列共八册，从人类历史中筛选出具有代表性的数百位精英人物，按领域分为政治领袖、军事将领、圣哲名师、科技英杰、文学泰斗、艺术巨擘、名家名流、发明大家，以生动的故事形式分别讲述了他们的成长、成才历程，让孩子们在轻松、愉快的阅读中体验名人们在政治活动中的雄韬伟略，在战争环境下的雄风与智谋，在哲学伦理中的深邃与博大，在文学艺术中的激情与创造，以及在科学技术中的严谨与神奇。与此同时，孩子们也能从中受到激励、启发和教益，从而充实自我、提高自身修养，树立远大的志向。

　　相信读完本系列书后的你会从名人的身上，找到鞭策自己前进、激励自己奋斗的动力。

在思想者的世界里汲取营养

　　历史上有这样一群人，他们穷其一生去探求人类思想领域中的种种现象、问题，用自己的观点和思想来征服人心，改变社会的进程。他们被称为"圣哲名师"。

　　在中国，道教祖师老子以"道"为核心，构建起中国朴素辩证法的哲学体系；"至圣先师"孔子高唱"仁爱""礼义"的赞歌，对中国两千年的社会和思想产生了巨大影响；"北大之父"蔡元培用尽毕生的精力，造就了一个崭新的北大，改变了中国落后的教育面貌，成为中国知识分子的典范。

　　在西方，柏拉图开办学园，广收弟子，传播唯心主义哲学思想；亚里士多德继承并发扬了老师柏拉图的思想，提出唯物主义思想的新观点，开辟出一个新的思想领域；马克思殚精竭虑，创建共产主义理论，扬起一面指导全人类解放的伟大旗帜。

　　他们之所以成名、成才，固然与他们的天资、机遇有关，但不可否认，他们也曾经经历过无数坎坷，遭受过命运的捉弄，也曾在迷惘与困顿中徘徊。而难能可贵的是他们都拥有一种特质，那就是坚毅的品格、勇往直前的信念与执著的勇气，这才是筑就他们辉煌人生的基石。

我们从世界范围内精选出数十位有代表性的圣哲名师，写成这本《影响孩子一生的中外名人成才故事——圣哲名师》。希望我们的孩子能从这些人的故事中，受到激励、启发和教益，从而指导他们走上属于自己的独特的人生之路。Celebrity

目 录

CONTENTS

Successful life

站在名人的肩膀上，
让我们懂得更多，看得更远……

道教祖师
老子

人物档案

姓　　名：李耳
生 卒 年：约前571~前471
籍　　贯：楚国苦县（今河南鹿邑）
身　　份：哲学家、思想家
重大成就：创立道家学派

公元前571年左右，老子出生在楚国苦县。据说，老子出生时前额宽阔，双耳巨大。于是，家人为他取名为李耳。

李耳自幼聪慧，十几岁时就经人推荐进入国都洛阳的太学学习。在太学，李耳广泛阅读了各种书籍，学问突飞猛进，二十多岁时便被任命为守藏室的史官。守藏室是周朝的典籍收藏之所，在这里，李耳得到了更多的学习机会，对"礼乐""道德"有了更深的了解，逐渐形成了自己朴素的哲学观点。

公元前538年，孔子特意到洛阳向老子请教关于"礼"的问题。老子见孔子千里而来，非常高兴，将自己的许多见解讲给他听。临别时，老子对孔子说："我听说，

■ 传说中，道教的祖师太上老君就是老子。

富贵的人会送人以钱财，仁义的人会送人以言语。我不富不贵，没有钱财送给你，愿以数言相送。当今之世，聪明的人常常受到死亡的威胁，这是因为他喜欢议论别人；善辩的人往往会遭遇困顿而危及自身，这是因为他好揭发别人的罪恶。作为人子，要忘掉自己而心想父母；作为人臣，要忘掉自己而心存君主。希望你能切记。"孔子听了连连顿首，说道："弟子一定谨记在心。"

周敬王四年（公元前516年），周王室发生内乱，老子受到牵连，于是辞官归隐。他骑着一头青牛，想去秦国游历。经过函谷关时，函谷关守关官员尹喜盛情款待了老子，并请求道："先生乃当今大圣人，如果您隐居，求教者必难寻觅。您

■ 孔子拜见老子。

何不将平生所学写下来？尹喜虽然浅陋，但也愿代先生将其传之后世，造福万代。"

　　老子觉得尹喜的话很有道理。便以周朝的兴衰成败、百姓安危福祸为鉴，写成上、下两篇文章。上篇起首为"道可道，非常道"，人称《道经》；下篇起首为"上德不德，是以有德"，人称《德经》；合称《道德经》。该书包含了老子对于道、德、无为而治及人生、社会等各方面的见解，是老子思想的精华。成书之后，老子继续西行。此后，就再也没有人知道他的下落了。

成功密码

作为中国古代最伟大的思想家之一，老子之所以获得这样的成就，就在于他从少年时期就开始孜孜不倦地读书。广泛的阅读开阔了他的眼界，丰富了他的思想内涵。同时，在当时复杂的政治环境中，老子不求名利，专心研究关于道德的学问，甘愿过着默默无闻的生活，清静无为，这正是道家学派的精髓。

永远的"至圣先师"
孔子

人物档案

姓　　名：孔丘

生 卒 年：约前551～前479

籍　　贯：鲁国陬邑（今山东曲阜）

身　　份：政治家、思想家、教育家

重大成就：创立儒家学派

　　孔子的先祖本是殷商后裔，他的父亲叔梁纥（叔梁为字，纥为名）是鲁国有名的武士。但在孔子3岁时，父亲就去世了，母亲只好带着孔子移居到曲阜阙里，生活非常艰难。尽管如此，母亲仍不忘教孔子认字读书。孔子十分聪颖，且刻苦好学，不懂就问。

■ 传说，孔子有弟子3000人，其中学有所成而留名史籍的有72人。

《孔子讲学图》

　　一次，孔子去鲁国国君的祖庙参加祭祖典礼。他每件事都要向人询问，有些人便嘲笑道："你怎么这么不懂礼仪，什么事都要问呀？"孔子回答道："遇到不懂的事便要问个明白，这正是知礼的表现呀！"

　　30岁的时候，孔子开始授徒讲学，许多人都慕名而来。在教育上，孔子主张"有教无类"——不论什么样的人，都享有平等接受教育的权利。孔子常常以自己为例来教育弟子。他曾说："我不是生来就什么都懂，我不过是喜欢古人积累下来的经验，并勤恳地去追求罢了。"

　　不过，虽然在教育上成就卓著，但在政治上孔子却一直都不得志，直到51岁时才被鲁定公任命为中都宰，后来又升为大司寇，代理相事。在他的治理下，鲁国一片兴盛。然而，孔子的声威却招致了国内贵族的嫉妒，他们极力在鲁定公面前诋毁孔子。孔子迫不得已离开鲁国，开始了长达14年的漂泊生活。

这一天，孔子一行来到匡地，遇到了麻烦。原来，匡人曾经受到过鲁人阳虎的欺侮，而孔子和阳虎长得很像，于是匡人将孔子错认成阳虎，把他围了起来。一连几天，孔子师徒无水无粮，生活陷入困顿。

孔子的弟子们都惶恐不安。学生子路忍不住问道："老师，难道有道德的君子也要遭受这样的折磨吗？"孔子平静地回答："君子在贫困时仍能坚守自己的情操，而小人在贫困时就要堕落苟且了。周文王已经死去，但周朝的礼乐制度还在

■ 孔庙。

《孔子立像图》

我们这里。上天都没有消灭这些礼乐，匡人又能把我们怎么样呢？"后来，匡人弄清孔子的身份，便将他们放了。此后，孔子又到过曹国、宋国等，但终无所遇。鲁哀公十一年（公元前484年），鲁国贵族季康子准备了厚礼，将孔子请回鲁国。

回到鲁国后，孔子不再出仕，而是专心致力于整理文献和继续从事教育。正是因为有了他孜孜不倦的整理与研究，《易经》《诗经》《礼经》《乐经》《尚书》《春秋》等著作才得以流传下来。而以孔子思想为主导的儒家理论，也对中国两千多年的社会发展产生了深远的影响。

成功密码

综观孔子的成功之路，我们可以看出，它是用勤奋、好学、奋斗、坎坷和坚忍铺就的。尽管遭遇到种种磨难，但孔子乐观向上、积极进取的精神却从未改变。正是因为具有一种"三人行，必有吾师"的谦虚的学习态度和"知其不可为而为之"的积极的人生信条，才铸就了孔子一生的辉煌。

平等博爱的思想家
墨子

人物档案

姓　　名：墨翟

生 卒 年：约前468~前376

籍　　贯：邾国滥邑（今山东滕州）

身　　份：思想家、教育家、军事家

重大成就：创立墨家学派

　　公元前5世纪，墨子出生在一个手工业者家庭。当时，工匠隶属于官府，社会地位十分低下。墨子直到9岁才进入私学，接受儒家思想的教育。随着年龄和阅历的增长，墨子开始对儒家思想进行深入的反思。他认为儒家过于注重礼乐文化，铺张浪费，无异于剥夺平民的衣食。因此，墨子毅然放弃了儒学，创立了墨家学派。

　　墨家学派主张"兼爱""非攻"。所谓"兼爱"，就是要求人们抛却血缘和等级差别的观念，爱人如己。"非攻"则是反对一

■墨子正在演绎守城战术。

切非正义的战争，即战争必须服务于"求兴天下之利，除天下之害"。

公元前440年前后，楚国准备攻打宋国。为了确保战争的胜利，楚王特意请当时的能工巧匠公输般（即鲁班）制造了一批云梯以备攻城之用。墨子听到这个消息，非常震惊。他吩咐弟子禽滑厘带领300余人前往宋国

《墨子·备城门》内页。

支援，自己则赶往楚国，想说服楚王放弃这场不义之战。

墨子日夜兼程，走了十天十夜才来到楚国的都城郢。墨子先找到公输般，劝他不要帮助楚王攻打宋国。公输般为难地说："我已经答应楚王了。"于是墨子便请求公输般带他去见楚王。

墨子见到楚王，对他说："有一个人，舍弃了自己的彩车，去偷邻居的破车；扔掉自己的新衣服，去偷邻居的粗布旧衣；放着美味佳肴不吃，却惦记着邻居家的糟糠。大王说这是一个什么样的人呢？"

楚王一听不禁笑道："这个人一定是得了偷窃病了！"

墨子接着说："楚国方圆五千里，地大物博。宋国只有五百里，土地贫瘠，物产稀少。如今大王却想要攻打宋国，这与患偷窃病的人有何区别呢？"

楚王沉吟了一会儿，说："先生说的有理，但公输般已经为我造好了云梯，宋国这一仗是非打不可了。"

墨子见楚王如此坚持，便解下腰带，围成一座城的样子，对楚王说："既然大王执意进攻，那我就来守城。现在我们来试试，看是您攻得下，还是我守得住。"结果，公输般多次设计攻城，都被墨子设法守住了。

公输般并不服气，他想了想，说："我知道用什么办法对付你，不过我不说。"墨子微微一笑："我也知道你想怎样来对付我，不过我也不说。"

■ 墨子和公输般演绎攻守战略。

楚王一听急了："你们究竟在说什么呢？"墨子指着公输般说："他的意思是想杀了我。杀了我，宋国就没人能防守了。但是，我的弟子禽滑厘等300人已经用我教给他们的守城

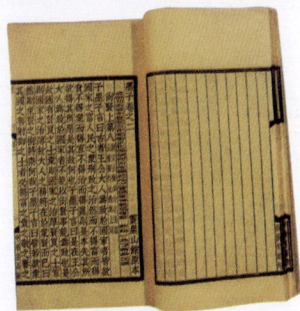

■《墨子》书影。

方法和工具守卫在宋国城头上了。即使你们杀了我也不能得逞。"楚王无奈，只好放弃了攻打宋国的打算。

其实，墨子出面援救宋国，完全是出于他的大义，丝毫没有个人因素。也正是因为如此，在当时，墨家学派得到了广大劳动人民的支持，迅速发扬光大，成为与儒家学派并称的"显学"。墨子也因此被尊称为"平民圣人"。

成功密码

墨子出身低微，但却凭借一己之力创立了墨家学派，并将其发扬光大，他是怎么做到这一点的呢？综观全文，我们知道，正是因为具有敢于向传统思想挑战、博采众家之长的精神，并且能够从最广大人民的利益出发，才铸就了墨子的成功之路。

民本思想的先驱
孟子

人物档案

姓　　名：孟轲

生 卒 年：约前372～前289

籍　　贯：邹国（今山东邹县）

身　　份：思想家、政治家、教育家

重大成就：继承和发展了孔子的学说

　　相传，孟子的远祖是鲁国的贵族孟孙氏。孟子3岁丧父，由母亲抚养长大。孟母非常重视对孟子的教育。起初，他们居住在乡村，旁边是一片墓地，经常有出殡、送葬的队伍从门口经过。每当这时，孟子就会跟在这些队伍的后面，学着吹鼓手的样子吹吹打打。孟母对儿子的举动非常担忧，便把家搬到了

■ 搬到学馆附近后，孟子经常去学馆旁听。

城里。可他们的新家位于闹市，叫卖
的声音终日不绝，只要母亲不注意，
孟子就溜到街上，和小伙伴们玩商人
做生意的游戏。孟母觉得这个地方也不
适合儿子学习，便又把家搬到学馆附
近。学馆内每天书声琅琅，学习气氛浓
厚，孟子终于可以安心读书了。

　　不久，母亲将孟子送进学馆，让他系统地学习《诗经》
《书经》等经典著作。后来，孟子又拜孔子的孙子子思为师，
接受儒家教育，并继承和发展了儒家学说。在人性上，孟子主
张"性善论"。他认为人心本来是善良的，所谓"恻隐之心，
人皆有之"。因此，作为统治者，要想治理好国家就应当从道
德教育入手，劝人们放弃恶习，回到先天的"善"的境界。如
此一来，社会就会安宁了。

　　为了宣传自己的主张，44岁时，孟子效仿孔子开始带领
弟子周游列国。

　　公元前320年，孟子来到魏国，魏国国君魏惠王（又称梁
惠王）热情地接待了他们。一见面，魏惠王就迫不及待地问

孟子："您有什么办法帮助我国获得好处呢？"孟子答道："大王为什么要得到好处呢？难道有了仁义还不够吗？如果您一开口就想着好处，这样从上到下就都会效仿您，只知道追求私利，国家就岌岌可危了。"魏惠王沉吟了一会儿，又问道："魏国一度称雄于天下，可现在却接连被秦国、楚国侮辱，我要怎么做才能报仇雪恨呢？"孟子答道："大王如果对百姓施行仁政、减免刑罚、降低赋税，让身强力壮的人抽出时间修养孝顺、忠诚、守信等品德，这样就是让他们用木棒也可以打退那些拥有盔甲利刃的秦楚军队了。所谓'施行仁政的人无敌于天下'就是这个意思。"魏惠王听了连连点头，决心采纳孟子的建议。可惜不久后魏惠王就去世了。继位的梁襄王对孟

■ 孟子和魏惠王谈了许多自己的政治主张。

子的主张毫无兴趣，孟子只好离开了魏国。随后，孟子又到过楚国、齐国，但都没有受到重用。

■ 孟子见自己的政治主张不能实现，就回到故乡，专心著书育人。

公元前311年，孟子结束了十几年的游历生活，回到故乡邹国，同弟子一起将自己的主张、言论编成《孟子》六篇。这本书集中阐述了孟子在政治、教育、人格修养等方面的思想和主张，其中包括"民为贵、社稷次之、君为轻""富贵不能淫、贫贱不能移、威武不能屈""得道多助、失道寡助"等。这些思想几千年来一直指导着中国社会的进步与发展，孟子也因此成为继孔子以后儒家学派的主要代表人物，被后人尊称为"亚圣"。 Celebrity

成功密码

孟子生活的战国中期，正是思想界百家争鸣的时代，而孟子能够在这么多的学派中脱颖而出，主要就是因为他胸怀天下，始终坚持"以民为本"。同时，他又修心养性，十分注意自己的人格修养，不为外界利益所动。因此他不但在当时取得了非凡的成就，更受到了后人的敬仰。

追求自由的智者
庄子

人物档案

姓　　名：庄周

生卒年：约前369～前286

籍　　贯：宋国蒙（今河南商丘）

身　　份：哲学家、文学家

重大成就：继承和发展了老子的哲学思想

　　战国中期，各个诸侯国之间的战争愈演愈烈，哀鸿遍野、民不聊生，庄子就出生在这样一个战乱的年代。庄子家境贫寒，但他天资聪明，勤奋好学，自幼便读了许多圣贤书。15岁时，庄子进入蒙地的学堂学习。在学堂里，先生经常给他们讲述古代圣贤的故事，教导他们要像圣人那样，懂礼仪，讲教化，以备有朝一日去辅佐君王。随着阅历的增长，庄子觉得这些道理和强者为王的现实世界太不相符了，便转而研究起老子的学说，并逐渐形成了自己独特

■ 庄子崇尚的是一种悠然自得的生活方式。

的哲学思想体系和独特的学风文风。

　　庄子认为，"道"是宇宙万物的本源。在人性上，他崇尚率真自然，认为人生的最高境界是精神上的自由，而不是物质享受和虚假的名誉；在政治上，他主张无为而治，认为统治者应当实行无为而治，使社会回到至善至美的自然状态。然而，在当时弱肉强食的社会中，统治者奉行的是以武力治天下，士大夫们则终日想着如何加官晋爵。庄子不愿与这些人为伍，便退隐山林，过起了与世无争的生活。

　　当时，由于战火频仍，百姓的生活非常困苦，庄子也不例外。他只能靠编织草鞋度日，有时连温饱都成问题。尽管如此，他也不愿意去谋个一官半职。

　　据说，楚威王曾派两个大夫带着重金来聘请庄子。当时，

庄子正在涡水垂钓。两个大夫见到他，毕恭毕敬地说："大王久闻先生大名，欲以国事相累。恳请先生出山，上为君王分忧，下为黎民谋福。"可庄子只是淡淡地说："我听说楚国有只神龟，被杀死时已经3000岁了。楚王将它藏在竹箱中，上面覆盖着锦缎，供奉在庙堂之上。请问二位大夫，此龟是愿意死后只留下一个躯壳显示它的珍贵，还是愿意活着的时候，自由地在水中自在行走呢？"两个大夫回答道："当然是愿意自由地生活在水里。"庄子笑着说："那二位请回吧。因为我也愿意在水中自在而行啊！"两个大夫无奈，只好回去向楚王复命。

　　庄子就是这样一个视名利仕途为草芥的人，他宁可过着贫寒的生活，也不愿放弃自己的自由。也正是因为如此，在庄子的一生中，始终洋溢着一种自足的精神。即使在他临死之时，这种精神仍旧没有改变。

　　据说，庄子大限

■《庄子梦蝶图》

之日，他的一位弟子侍立在床前，痛哭失声。庄子笑道："生死乃人生常态，你又何必悲伤呢？"

《庄子》书影。

他的这位弟子哽咽着说："我不是为这件事悲伤。只是想先生一世贫困，死后连陪葬也没有，觉得难过。"庄子坦然笑道："我以天地做棺椁，以万物为陪葬。还有比这更好的陪葬吗？"这位弟子又哭着说："但是没有棺椁，我担心先生会被老鹰、乌鸦啄食。"庄子又笑着说："在地上被乌鸦、老鹰啄食和在地下被蝼蚁、老鼠吃掉有什么不同呢？"说完便含笑而逝。

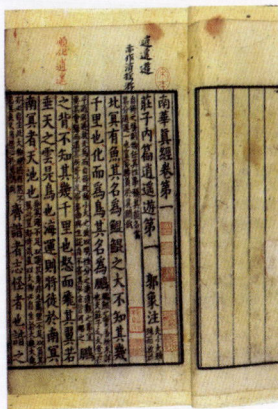

成功密码

庄子一生贫困交加，但他的思想却在中国哲学史、文学史以及艺术等各个领域中产生了巨大的影响。综观庄子的一生，他之所以获得这样的成就，完全得益于他身上那种淡泊名利、超然物外、追求自由的精神。这种精神使他超越了是非、功名、生死，真正达到了无为的境界。

以"礼"为本的儒家先师
荀子

Xun Zi

人物档案

姓　　名：荀况
生 卒 年：约前313～前238
籍　　贯：赵国猗氏（今山西安泽）
身　　份：思想家、教育家
重大成就：发展了古典唯物主义

荀子生活在战国末期。当时，正是七雄争霸的时代，齐王为了扩大政治上的影响，笼络知识分子，从而达到实现霸业的目的，便在都城临淄建立了一座稷下学宫，聘请许多名士来此讲学，其中包括孟子、慎到、邹衍等大学者。那时，荀子还是个十几岁的少年，但他非常仰慕这些大师的才学，便慕名来到稷下学宫游学。在这里，荀子听取了各家各派的讲学和辩论，接受了来自不同学派的思想熏陶和影响。

在这些学派中，荀子对儒家学派情有独钟，于是便开始专心研究起儒家学说。

■ 荀子所处的时代正是百家争鸣的时代。

随着年龄和阅历的增长，荀子的学问也突飞猛进。30多岁的时候，他受到齐襄王的礼遇，被拜为"卿"，在这个过程中，荀子的思想体系逐渐形成。不过，虽然同为儒家学派，但与稍早一些的孟子不同，在人性问题上，荀子主张"性恶论"。他认为，人的本性并不纯良，社会上之所以有许多为善者，是人为教育培养的结果。也就是说，凡是善的、有价值的东西都是人为努力的结果。正是因为这样，荀子反对一切神秘主义的思想，非常重视人的作用。他指出，天、地、人是构成宇宙的三个因素，三者都具有独特的力量，是无法被取代的。

荀子曾经给他的弟子讲过这样一个故事：有一个既胆

■ 齐襄王经常向荀子询问治国之道。

小、又愚笨的人，名叫涓蜀梁。一天晚上，月光很亮，涓蜀梁出门办事。走在路上，他偶然低头一看，发现地上有个黑影。涓蜀梁大惊，心想："肯定是遇到鬼了。"于是拔腿便跑。可是，那黑影却紧追着他不放。他跑多快，那黑影就跑多快。涓蜀梁更害怕了，便拼命飞奔起来。他好不容易跑到家，已经上气不接下气了。没等坐下来，就累得断了气。

荀子说："人自以为看见鬼神的时候，多是在神志恍惚的时候。因为神志不清才把无当成有，把有当做无。这就好比一个人得了病，只有医生才能医治。如果他不去求医，而是敲鼓、杀猪、祭鬼神，那么即使他把鼓敲破了，也不可能治好自己的病。"在当时自然科学非常落后的情况下，荀子能提出这样的主张无疑是非常难得的。

荀子一直在齐国待了几十年，在此期间，他培养出许多学生，其中包括法家思想的集大成者韩非和秦国丞相

秦代名臣李斯是荀子的弟子。

李斯。后来，有人见荀子威望日盛，便开始在齐王面前进谗言，诬陷荀子。荀子只得离开齐国，来到楚国。在楚国，荀子

■ "青出于蓝" 这则成语就出自《荀子·劝学篇》。

受到了楚国公子春申君的厚待。然而，公元前238年，春申君被害，荀子也被罢了官，不久就去世了。

再后来，汉代刘向将荀子流传在民间的各种著作整理成集，编撰成《荀子》一书。书中记录了荀子一生的言论及思想。在中国2000多年的历史上占据主流的"内儒外法"的政治思想，就是荀子思想的充分表达。 Celebrity

成功密码

在儒家学说已成经典的时候，荀子能独辟蹊径，提出自己的思想和观点，并最终为人们所接受，究其原因，就是因为他能站在现实的角度，从人类及社会的根本处出发，正视人性中的缺失，并加以引导，使其成为推动社会发展的力量。也正是因为如此，才成就了荀子的历史地位。

法家的集大成者
韩非

Han Fei

人物档案

姓　　名：韩非

生 卒 年：约前280～前233

籍　　贯：韩国（今河南新郑）

身　　份：哲学家

重大成就：提出以法为中心，"法""术""势"
相结合的思想政治体系

　　韩非出身于韩国王室。他从小就喜欢"刑名法术之学"，青年时期拜荀子为师。韩非目睹战国后期韩国的积贫积弱，多次上书韩王，希望改变当时治国不用法治，养非所用、用非所养的局面。可是，他的主张始终得不到采纳，韩非只好退而著书，写出了《孤愤》《说难》等著作。

　　虽然韩非在韩国得不到重用，但他的著作流传到秦国后，却引起了秦王嬴政的兴趣。嬴政反复阅读了韩非的文章，被他深邃的思想、严密的思维、

■ 在赏罚上，韩非主张论功行赏。

犀利的语言和有力的论证深深地折服了。他不禁感叹道："如果哪天能见此人，并与之交往，虽死而无憾矣。"于是，秦王马上下令发兵30万攻打韩国，欲得到韩非。

当时，秦强韩弱，韩国朝野上下闻听这个消息不禁惊恐万分。韩王急忙召集起王公大臣商议对策。这时，有人禀报，秦国使者求见。

使者一见到韩王，就开门见山地说："秦国与韩国世代睦邻，兵戎相见实非所愿。只要贵国的韩非能到秦国走一趟，我们马上退兵。"

韩王一听，马上派韩非以使者的身份奔赴秦国。秦王隆重接待了韩非，并与他讨论了治国之道。韩非

■ 为了得到韩非，秦王不惜发兵攻打韩国。

详细地向秦王介绍了自己的观点。他认为，要治理好国家，就得要求君主善用权术，同时臣下必须遵守法度，赏罚都要以"法"为准。"法"是整个社会的行为准则和规范，任何人都不能独立于法外。因此，他提出了"刑过不避大臣，赏善不遗匹夫"的主张。即在"法"的面前，不存在贵族和平民之分。

　　韩非的这套主张对正准备征服四方，统一天下的秦国来说具有非常重要的现实意义，秦王听后十分高兴，对韩非大为赞赏。不久，韩非又上书秦王，指责秦国特使姚贾是"梁之大盗，赵之逐臣"，说他凭借秦王授予的权力，私自在外结交诸侯。这引起了姚贾的记恨。与此同时，秦国丞相，同为荀子弟子的李斯也唯恐韩非得到秦王的重用，从而影响自己的前程。于是二人勾结，在秦王面前诋毁韩非。李斯对秦王说："韩非是韩国王室，大王如今想一统天

　■《守株待兔》的故事就出自《韩非子》。

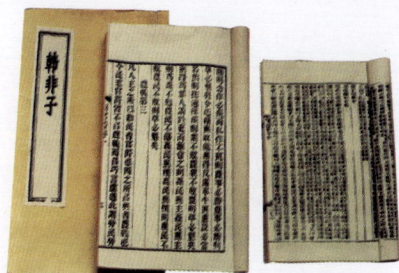

■《韩非子》书影。

下，必定会灭掉韩国。按人之常情，韩非肯定会为自己的国家效命。如果放他回国，无异于放虎归山，不如找个罪名杀掉他。"秦王听了觉得有理，便将韩非定罪下狱。不久，李斯派人给韩非送去毒药，逼迫他自杀了。

韩非虽死，但他以"法"为中心，"法""术""势"相结合的思想政治体系，却在秦始皇、李斯的手里得到了实施，为秦国的统一提供了理论基础，对以后中国封建社会中央集权制度的确立起到了指导的作用。

成功密码

战国末期，崇尚法家的人物很多，取得成就的也不在少数，唯独韩非系统地阐述了法家的思想，成为法家思想的集大成者。他不因袭旧法，不墨守成规，能根据社会发展中的矛盾提出相应的处理方法，他的思想才催化了一个时代，并流传至今。

"大一统"的设计者
董仲舒

人物档案

姓　　名：董仲舒

生 卒 年：前179～前104

籍　　贯：广川（今河北景县西南）

身　　份：思想家、政治家

重大成就：继承儒家思想，开创"新儒学"

　　距今2000多年前的西汉文景之治到汉武盛世，是整个西汉王朝的极盛时期，政治稳定，经济繁荣，国力空前强盛。董仲舒就生活在这样一个时期。

　　从小，董仲舒就熟读《诗经》《尚书》《易经》《孝经》《论语》等著作，对孔子非常崇拜。为了领会儒家思想，他特意拜当时的著名学者子寿为师，专门学习儒家经典。据说，董

■ 汉初，统治者奉行的是"无为而治"的"黄老思想"。

■董仲舒见汉武帝。

仲舒的屋后有个园子，虽然不是很大，但景色别致。可是，为了领会儒家学说，董仲舒刻苦攻读，三年没有踏进园子一步，甚至瞧都不瞧上一眼。经过整整三年的闭门苦读，董仲舒的学问更加炉火纯青。特别是对《春秋》的研究，更是无人能比。

但当时统治者崇尚的是道家的"黄老之术"，儒家学派受到了冷落。不过，董仲舒并没有因此排斥黄老学说，反倒努力研究起其中的大义，以期能创建一种全新的、集诸子百家学说为一体的新儒学。

这个机会终于来了。公元前140年，汉景帝去世，即位的汉武帝刘彻是一位雄心勃勃的少年天子，他一改文景时代崇尚自然、因循守旧的施政方针，下令郡国及百官公卿举贤才、荐奇士，并提倡各郡国立学校、修儒学。

公元前134年，汉武帝下诏征求治国方略。于是，董仲舒向汉武帝呈献了他的名作《举贤良对策》。在这篇文章中，董仲舒系统地提出了"天人感应""大一统"的学说。董仲舒认为，"天"是至高无上的神，有自己的意志，与人一样有"喜怒之气，哀乐之心"，即所谓"天人合一"。但是，"道之大原出于天"，自然、人事都受制于天命。因此，反映天命的政治秩序和政治思想都应该是统一的。在此基础上，董仲舒提出了他"罢黜百家，独尊儒术"的主张。

这个主张为统治者的统治提供了理论上的基础，深得汉武帝的赞赏，得到全盘采纳，成为汉代的官方统治哲学。

董仲舒虽然深得汉武帝的赏识，但他的仕途并不顺利，

■ 董仲舒曾在扬州做过江都相。

Celebrity stories

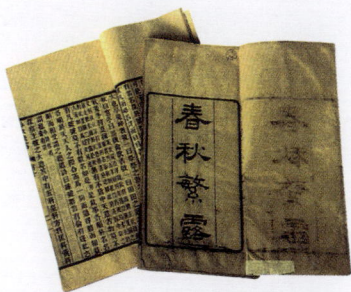

■《春秋繁露》是记录董仲舒思想的著作。

秉性刚直的他曾屡遭奸人算计。晚年，董仲舒干脆辞去一切职务，专心修学著书。不过，每当朝廷中有重要的事情商议，汉武帝都会派使者去他家询问，听取他的意见或建议。作为一位承前启后、继往开来的大思想家，董仲舒在新的历史条件下复兴了被禁锢达百余年之久的儒家文化，把它们整合为一个崭新的思想体系，成为2000年来被无数人传承学习的"国学"。而他的"天人感应""君权神授"等思想更是为以后的封建政权提供了理论基础，成为统治阶级实施其统治的"宝典"。

成功密码

作为西汉乃至中国历史上著名的哲学家和思想家，董仲舒之所以取得如此巨大的成就，就是因为在他的身上始终有一种"与时俱进"的精神。正是因为他知道因循守旧势必被进步的社会所淘汰，因此才不停地钻研各家的学说，从而赋予儒家学说一种新的意义、新的内涵，也使自己走上了成功之路。

Zhu Xi

理学先哲
朱熹

人物档案

姓　　名：朱熹

生卒年：1130～1200

籍　　贯：徽州婺源（今江西婺源）

身　　份：思想家、哲学家、教育家

重大成就：建立了完整的客观唯心主义体系

　　朱熹祖籍徽州婺源，他的父亲朱松是进士出身，因为反对秦桧的主和政策而屡遭排挤。为此，朱松将所有的希望都寄托在朱熹的身上。在父亲的督促下，朱熹从小就熟读各种经典，并立志成为像孔子那样的圣人。

　　朱熹14岁时，朱松在忧愤中病逝，临终前将朱熹母子托

■ 朱熹的祖籍地婺源是个风景如画的好地方。

付给好友刘子翚。刘子翚是当时著名的学者，在他那里，朱熹受到了良好的儒家教育。

1148年，朱熹考中进士，三年后被派往泉州担任同安县主簿。在赴任途中，朱熹拜见了父亲的"同门友"、理学大师程颐的再传弟子李侗。在与李侗交谈后，朱熹对儒家学说有了新的认识，开始将研究方向转入"新儒学"的建立。1168年，朱熹决定拜李侗为师，专门研习儒学。李侗非常欣赏这位学生，将自己的知识倾囊相授。

■ 程颐

在李侗的教导下，朱熹在二程（即北宋著名理学家程颐、程颢兄弟）理学的基础上，将孔子的儒家思想进一步理论化和系统化，建立起自己的一套客观唯心主义思想体系。

朱熹认为，做国君应重视的是"仁"，即爱护百姓；做人臣应重视的是"忠"，即忠君爱国。侍奉师长要有礼貌，交朋友应当讲信用。要尊敬老人，爱护孩子。不要随便议

■ 程颢

《朱熹著书图》

论别人的缺点，更不要夸耀自己的长处。不论是得意或困顿，都要平静对待。不要因为是细小的好事就不去做，不要因为是细小的坏事就去做。一定要尊敬有德行有学识的人，一定要扶助有困难的人……这些都是做人应该懂得的道理，每个人都尽本分去做，才符合"礼"的标准。

正是因为具有如此谦和、宽厚的品格，所以在当时，许多学者都与朱熹有交往，并与他建立了深厚的友谊，其中最为有名的当属陆九渊。

陆九渊是"心学"的代表人物，而"心学"与朱熹的"理学"在许多问题上存在着很大的分歧。1175年，朱熹好友吕祖谦为了调和"理学"和"心学"的分歧，邀请陆九渊到位于江西上饶的鹅湖寺与朱熹举行一场辩论会，这就是历史上著名的"鹅湖之会"。在这次聚会上，朱、陆二人针锋相对，互不相让，辩论会一直进行了三天，最后不欢而散。

会后，朱熹静下心来思考许久，觉得陆九渊的许多观点都对自己很有启发。于是，他便写信给陆九渊，表达了自己的钦佩之情。1181年，陆九渊到南康拜访朱熹，朱熹特意邀请他到书院讲学。此后，一直到1189年陆九渊去世，两人一直保持着良好的关系。

1200年，朱熹病逝于建阳（今武夷山南麓）家中。他创立的理学体系，在以后的年代，一直是封建统治阶级的官方哲学。而经他精心选出的《大学》《中庸》《论语》《孟子》四书，作为中国封建教育的教科书，更是影响深远，对中国传统文化的发展起到了承前启后的作用。

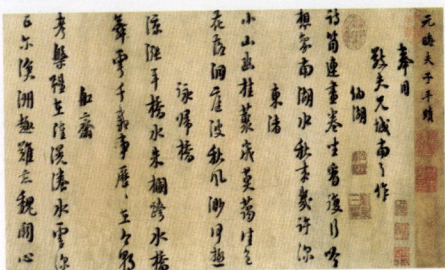

■ 朱熹的书法也很出色，这是他手书的《城南唱和诗》。

成功密码

朱熹是中国历史上继孔子之后又一位伟大的思想家、哲学家、教育家，被后世人尊称为"朱子"。他之所以获得成功，究其原因在于他从少年时代起就严格要求自己，刻苦攻读、博览群书。成年后，他更是孜孜不倦，潜心向学，终成一代大儒。

提倡良知的心学宗师
王守仁

人物档案

姓　　名：王守仁
生 卒 年：1472～1529
籍　　贯：浙江余姚
身　　份：哲学家、教育家、政治家
重大成就：确立了中国古代"心学"的理论体系

　　王守仁出生于书香门第，其远祖为晋代大书法家王羲之。王守仁从小就受到了良好的教育，头脑聪慧，思维敏捷。10岁时，王守仁随父亲进京赴任。路过镇江时，父亲带他和朋友们去金山寺游玩。席间，有人提议作诗咏金山寺，大家还在冥思苦想，王守仁却已开口吟道："金山一点大如拳，打破维扬水底天。醉倚妙高台上月，玉箫吹彻洞龙眠。"诗意清新，表现出他非凡的想象力和深厚

■ 金山寺

Celebrity stories

的文化素养，众人听后无不鼓掌称赞。

到京后，王守仁就留在父亲身边读书。不过，他并不循规蹈矩，反倒经常表现得出人意料。一次，他问先生："什么是第一等事？"先生说：

■ 王守仁认为花开花落，事物变化都在人的心中。

"当然是读书，获取功名。"王守仁听后连连摇头："不对，我觉得第一等事应该是读书，做个圣贤。"这个想法一直伴随他到终老。

王守仁早期学习的是程朱理学，但随着年龄和阅历的增长，他觉得程朱理学强调的"格物致知"并不是完全有道理。因为事理无穷无尽，如果事事都要去考察，会非常繁琐。既然心是理的凝聚，是万事万物的根本，那么要认识理，从自己的内心去寻找就可以了，即"心外无物、心外无理"，这就是他的"心学理论"。不过，对于他的这套理论，开始人们并不是很明白。他的弟子就曾经问过他："南山的花自开自落，与我的心有什么关系？"王守仁回答道："你没看到这朵花时，它与你的心同归于寂寞。等到你来看它，它就存在于你的心里了。"

　　而对于程朱理学"先知后行"的观点，王守仁也持异议。他认为，既然知道一个道理，就要去施行。如果只是自称知道，而不去实践，那就不能称之为真正知道，因为真正的知识是离不开实践的。因此，他主张"知行合一"，并将自己的思想总结为四句话："无善无恶心之体，有善有恶意之动，知善知恶是良知，为善去恶是格物。"他认为，每个人都有"良知"，但并不是每个人都按照良知去做，因此才存在各种恶习及犯罪行为。所以，只有做到"知行合一"，即道德认识和道

■ 正是因为内心光明，王守仁才堪破了生死。

德行为一致，才能达到理想的境界。

王守仁不但致力于提倡、传播自己的"心学"理论，更是在言行上为世人做出了榜样。他曾经对他的学生说："我的一生只相信有良知才能明辨是非，即使天下人都说我言行狂狷，我也依照我的良知而行。"1528年，这位一代大儒病逝于南安。临终前，他的学生问他有何遗言。他说道："此心光明，亦复何言！"便安然而逝。然而，他的"知行合一，言行一致"等观点，却一直流传下来，影响了一代又一代的人，成为中国哲学史上一座不朽的丰碑。

■ 王守仁的"心学"理论脱胎于陆九渊的思想。

成功密码

作为中国古代唯心主义的集大成者，王守仁的哲学思想不仅在中国影响极大，而且传到海外，对日本、朝鲜及东南亚各国都产生了深远的影响。他能取得这样的成就，原因就在于他无论做什么事都笃实躬行，在不断学习和实践的基础上，确立了自己的思想，也树立了自己伟大的人格。

革故鼎新的先驱
李贽

Li Zhi

人物档案

姓　　名：李贽

生 卒 年：1527～1602

籍　　贯：泉州晋江（今属福建）

身　　份：思想家、文学家

重大成就：继承并修正了王守仁的"良知说"，
　　　　　提出"童心说"

明朝嘉靖六年（1527年），李贽出生于泉州晋江。他幼年丧母，随着父亲读书。在父亲的教导下，他的学业进步很快。然而，李贽的性格非常倔强，用他自己的话说就是"不信道，不信仙、释，只要见到道士、僧人、道学先生就十分厌

■ 李贽少时即随父亲学习各种技艺。

恶。"12岁的时候，李贽就写成了《老农老圃论》一文，对孔子将种田人看做"小人"的观点提出了批判。成年后，随着阅历的增长，他对那些维护封建礼教的假道学和那些满口仁义道德的卫道士、伪君子更

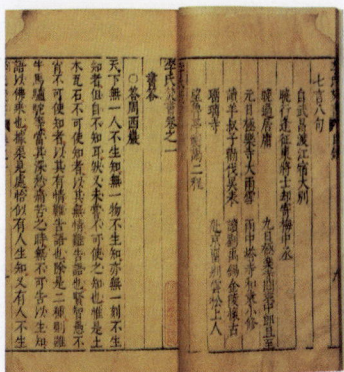

■《焚书》是李贽的代表作品。

是深恶痛绝。他认为他们读书就是为了求得高官厚禄，满足自己的私欲，批判的锋芒直指孔孟、程朱等人。正是因为这样，李贽虽然做了二十几年的官，但无论到哪里，都会遭到那些卫道士的排挤，生活一直非常潦倒。

1563年，李贽被任命为礼部司务。当时，有人讥笑他说："你怎么找了礼部司务这个穷差事？真是过穷日子过惯了！"李贽却笑着说："在我的心中，生活的贫穷并不算穷。我认为，最穷的人是听不到真理的人，最快乐的人是过自己喜欢的生活的人。"

就在任礼部司务的这段时间里，李贽接触了王守仁的"心学"理念，并开始树立了自己主张，即后世闻名的"童

心说"。所谓"童心说"，就是要摒弃虚假，保持纯真。李贽认为，一个人如果丧失了童心，就失去了真心，失去了真心，便不再是真人。李贽的"童心说"就像一发炮弹，落在了那些道学家的头上。为此，他们想尽一切办法打击李贽。

1581年，54岁的李贽终因对官场的深深厌恶，辞去了一切官职，寄居湖北黄安，与友人耿定理等人专心研究学问、开馆授徒。即使教授学问，李贽也与其他人完全不同。当时，不论是官学还是私学，都只招收男学生，而李贽却偏偏男女统招。别人教育学生要知书达理，不能大声说话，不能大步奔跑。李贽却要和他的学生高谈阔论，高兴时又蹦又跳。别人教书专讲四书五经，李贽却只教那些实用的东西。

李贽的举动激怒了那些封建卫道士。1597年，耿定理去世，其兄耿定向早就对李贽不满，无奈之下，李贽只好离开耿家，移居经摩庵，过着半僧半俗的生活。然而，封建

■ 即使避居庵院，李贽依旧高谈自己的主张。

统治阶级并不准备放过他。1602年，大学士沈一贯指使假道学礼科给事中张问达弹劾李贽，说他"惑乱人心，敢倡乱道"。明神宗下令逮捕了李贽，并焚毁了他的著作。同年，李贽因不堪忍受羞辱，在狱中自尽。尽管李贽已逝，但他反封建传统、反封建礼教、反权威主义、倡导个性解放的主张，在封建统治思想占绝对优势的时代，就像一把利剑刺中了封建卫道士的痛处，也为后世人划开了一道明亮的天光。

成功密码

作为中国历史上反对禁锢人性的社会秩序、追求理想和自由精神的思想先驱，李贽之所以能够提出这样先瞻性的理论，就在于他从不迷信于既有的所谓礼教传统，敢于反抗权威，从内心的本真出发，了解人的真正需求，从而为后人追求天性、崇尚自然打开了一道大门。

中国思想启蒙之父
黄宗羲

Huang Zongxi

人物档案

姓　　名：黄宗羲

生 卒 年：1610～1695

籍　　贯：浙江余姚

身　　份：思想家、史学家

重大成就：近代民本与民主思想的启蒙者

　　1610年，黄宗羲出生在浙江余姚，他的父亲黄尊素是东林党人，曾做过御史，因为弹劾魏忠贤而被削职下狱，受尽酷刑而死。19岁的黄宗羲发誓一定要铲除那些奸党佞臣，于是，他怀揣利锥进京讼冤。当时，魏忠贤已经被诛，黄宗羲便上书朝廷，请求追究魏党余逆许显纯、李实等人。但因许显纯是孝宗皇

■ 东林党人经常在东林书院聚众讲学。

后的外甥，因此许多人都袒护他，而他本人更是在公堂上百般抵赖。黄宗羲忍无可忍，抽出利锥，猛刺许显纯，吓得许显纯立即跪地求饶。崇祯皇帝闻听这件事，不禁称赞道："真不愧是忠臣遗孤啊！"于是下令处死了许显纯等人。

■ 崇祯皇帝

从京城回来后，黄宗羲决心遵照父亲生前关于"读书人不可不通晓史事"的教诲，潜心学史，以便将来经世报国。可当时明王朝已经处于风雨飘摇之中。崇祯皇帝生性多疑、独断专行，在他的一手扶植下，阉党的势力又重新抬头，他们为非作歹，无恶不作。当时，灾荒连年，赋税却不断加重，致使民不聊生。关外，清军又虎视眈眈，伺机而动。黄宗羲非常愤慨，毅然加入了抗清以及反对阉党的斗争。不过，即使在那种颠沛流离、艰难困苦的情况下，黄宗羲依然没有放下手中的笔。十几年间，他写下了大量著作，初步阐述了自己在政治、教育、历史等方面的思想。

1661年，顺治皇帝去世，康熙即位，社会开始走向安定和发展。此时，黄宗羲已经是个50多岁的老人了，多年艰难曲折的经历使他对封建君主专制制度的危害有了深刻的认识。于是，他避居乡间，致力于讲学著书。

在讲学中，黄宗羲着眼于启发学生的思想。他认为，明朝人讲学，大都抄袭孔孟语录，而不以经史为根底，造成有书不看，专事空谈的坏风气。所以，他对自己的学生提出了明确而严格的要求，必须先把《六经》研究透，同时要认真钻研历史，领会书中的内容，为己所用。

黄宗羲毕竟是当世大儒，朝廷曾多次征召让他为国效力。可作为前朝遗民，黄宗羲同大多数汉族知识分子一样，对清廷仍心存敌视，因此都婉言拒绝了。1679年，清廷重修《明史》，又有人推荐了黄宗羲。虽然不愿做清朝的官，但修《明史》是一件有关历史的大事。因此，黄宗羲虽然没有答应去修《明史》，却把自己整理的资料交给了参修明

■ 黄宗羲曾进入"天一阁"查阅书籍。

史的得意弟子万斯同，还让儿子黄百家进京参与修史。由于黄宗羲的史学造诣极深，对明代史事十分熟悉，所以修史中每逢遇到重大疑难问题，史官们便通过书信请他指教，有时还派人千里送稿，求他审阅修改。对此，黄宗羲总是给予详细答复。

■ 尽管没有亲身参与，但黄宗羲对《明史》的修撰起到了很大的作用。

1695年，黄宗羲在家中病逝，享年86岁。作为一位伟大的思想家，他的"为官者，非为君也，为万民也""有治法而后有治人""学贵履践，经世致用"等思想，将永载史册。

成功密码

黄宗羲是中国民本、民主思想的启蒙者，他的思想即使在数百年后的今天仍有着巨大的影响。他之所以成功，首先是因为他对史书的刻苦攻读。正所谓现在是历史的重复，任何问题都能在历史中找到答案。其次是他的人格魅力，"不因私利而忘公，不因个人好恶而论事"，这才铸就了他辉煌的人生。

天下兴亡，匹夫有责
顾炎武

Gu Yanwu

人物档案

姓　　名： 顾炎武
生 卒 年： 1613～1682
籍　　贯： 江苏昆山
身　　份： 思想家、史学家
重大成就： 提倡经世致用，反对空谈，开启一代朴实学风

顾炎武出身于江东望族，但到他出生时，家道已经中落。出生后不久，他就被过继给婶母王氏。王氏出身于书香门第，非常重视对顾炎武的教育。在她的督促下，顾炎武10岁就开始阅读史书和一些经典名著。为了加深印象，顾炎武采用了一种"自督读书"的方式，即先完成既定的读书卷数，然后再抄一遍。他就这样读完了《史记》《资治通鉴》等巨著，由此培养了自己扎实、严谨的学风。不但如此，顾炎武每读一本书必记笔记，写下了数十万字的读书心得。虽然喜好读书，但顾炎武并

■ 顾炎武不但刻苦攻读，也注重对身体的锻炼。

不迷信书，他经常一边读书，一边校对，发现差异、错误，立即查证。这为他后来的成就打下了基础。

除了学识上的教育，王氏更注重对顾炎武道德情操的培养。只要有时间，她就会为顾炎武讲述那些忠臣孝子的故事，在顾炎武的心中种下了爱国的种子。

■ 清军攻陷南京。

1645年，清兵占领南京，昆山陷落。顾炎武的生母何氏被清军砍断右臂，两个弟弟也遭遇不幸。嗣母王氏绝食而死。临终前，她叮嘱顾炎武道："你一定要记住，不要做异国的臣子，不要辜负世世代代的国恩，更不要忘记先祖的遗训。这样我在九泉之下才可以瞑目。"顾炎武悲痛欲绝，国仇家恨、嗣母遗言，使顾炎武一生都保持着不与清廷合作的态度。在以后的岁月里，他曾多次参加并组织反清活动。可是，明朝的灭亡已成定局，亡国之痛对顾炎武震动强烈，他开始对中国封建社会的痼疾和明朝的灭亡进行反省。

他认为，明朝之所以灭亡，一是亡于学术，二是亡于道德沦丧。亡于学术，是指宋明理学"空谈心性"的学风造成了"经生之寡术"，使人们把读书当成了求取功名利禄的基石；道德沦丧是指"士大夫之无耻"，投降异族，改形换骨。也正是因为如此，他喊出了那句千古名言：天下兴亡，匹夫有责。他号召每一个国人，担负起拯救民族危亡的责任。自顺治八年（1651年）起，他先后十次跪拜明代开国皇帝朱元璋的陵寝，用这种方式来坚定、磨砺自己不忘国耻的信念。

1679年，康熙皇帝下令修撰《明史》，大学士熊赐履向康熙推荐了顾炎武。顾炎武以死相抗，他说："母亲临终遗命，必当遵守。如若相逼，则唯愿一死。"为此，他还写下了《精卫》一诗，表明自己矢志不移的抱负和决心。诗中写道："万事有不平，尔何空自若。长将一寸身，衔木到终古？我愿平东海，身沉心不改。大海无平期，我心无绝时！"

■ 顾炎武曾十次拜谒明朝皇帝的陵墓。

1682年，顾炎武客居山西曲沃一韩姓友人家，上马时不幸失足，与世长辞，享年70岁。作为一代大儒，顾炎武一生律己很严，操行卓越，身处逆境而终无颓唐之想，表现出坚定的民族气节和不屈的精神。他的学说开清代朴学之风气，令后世景仰。

成功密码

顾炎武是中国最伟大的思想家之一，他那句"天下兴亡，匹夫有责"，数百年来一直激励着仁人志士为国为民，努力奋斗。而他之所以受到世人的敬仰，就在于他的一生都在实践着自己的主张，不卑微、不妥协，集道德文章于一身，为后人树立了典范。

反对封建制度的先锋
王夫之

人物档案

姓　　名：王夫之
生 卒 年：1619～1692
籍　　贯：湖南衡阳
身　　份：思想家、哲学家
重大成就：总结和发展了中国传统的朴素唯物论和辩证法

　　1619年，王夫之出生在湖南衡阳一个没落的地主知识分子家庭，从小就开始接受传统的思想文化教育。十几岁的时候，王夫之进入岳麓书院，跟随著名学者吴道行学习朱张之道（朱熹、张栻的思想学说），这使王夫之形成了最初的救世济民的思想。他想象有朝一日能够进入仕途，实现自己报效国家的愿望。可当时的明王朝已经陷入风雨飘摇之中，时局动荡不

1648年，王夫之在湖南衡山起兵抗清。

安。在这种情况下，王夫之参加了许多带有政治色彩的民间学术团体，以图匡时救世。

1647年，清军攻陷衡阳，第二年，王夫之与好友管嗣裘在衡阳举兵抗清。失败后，他投奔了南明永历政权，却因其大义凛然地弹劾权奸而身陷囹圄。后来，在农民军领袖高一功的仗义相救下，王夫之才得以逃回湖南。在以后将近十年的时间里，王

■ 王夫之著作——《宋论》

夫之隐姓埋名，过着流亡生活。然而，正是这十年的曲折生活使他有机会接触到下层社会，切身体会到了明末政治的腐朽与黑暗。他开始将自己的抱负转入文化思想领域，以笔为武器，写出了《周易稗疏》《周易考异》两部哲学巨著以及《黄书》——一部堪称民族宣言的政论著作。

在这些著作中，王夫之借助儒家、道家等诸子百家学说，阐述了自己独到的政治见解。特别是《黄书》，它吸取了"易学"和"老学"的精髓，概括了当时农民革命战争、

新兴市民暴动和民族斗争等针对社会矛盾所展开的运动，总结了明朝覆亡、清兵入主中原的惨痛教训，阐述了救亡图存和民族自强自立的主张。至此，王夫之已开始由封建士大夫向启蒙学者转变。

虽然把重点转向了学术领域，但作为前朝遗民，王夫之始终关注着时局的变化。1673年，平西王吴三桂联合平南王尚可喜、靖南王耿精忠发动"三藩之乱"，将矛头直指清廷。这使得王夫之的救国梦想重新被点燃。他频频外出，与明朝遗臣联络，希望恢复大明的江山。然而，1678年，吴三桂在衡州称帝，打碎了王夫之对吴三桂所抱的期望，也打破了他反清复明的梦想。从此，王夫之退隐衡阳，在石船山麓筑草堂而居，专心著书。由于多年奔波，王夫之的健康日益恶化，生活又极端贫困，连写作时用的纸笔都要靠朋友周济。即使这样，他依旧笔耕不辍，写出了《周易内传》《庄子通》

■ 三藩之乱。

《宋论》《噩梦》等一系列著作。
并拒绝了清廷一次又一次的拉拢。
在这些论著中，王夫之高举反对宋
明理学的旗帜，将矛头指向统治思
想界数百年的唯心主义，重新划定
宋明以来哲学的范畴，大大扩展了
朴素唯物主义和朴素辩证法的理论
阵地。

虽身居陋室，王夫之依旧心怀家国天下。

1692年，这位饱受磨难的大儒病逝于石船山下的草堂。
在他的墓碑上写着九个大字"明朝遗民王夫之之墓"。他用
这种方式表达了自己至死不屈的民族气节。

成功密码

王夫之的哲学思想反映了明清之际时代精神的精华，将中国古代朴素唯物主义
推向了一个新的高度。他之所以能取得这样的成就，是因为他不仅注重自身的
修养，而且能够从最底层人民的内心感受出发，不为旧制度、旧思想所束缚，
创建起自己博大精深的哲学体系。

北大之父
蔡元培

Cai Yuanpei

人物档案

姓　　名： 蔡元培

生 卒 年： 1868～1940

籍　　贯： 浙江绍兴

身　　份： 教育家、民主主义革命家

重大成就： 领导和促进中国教育向近代全面发展

　　1868年，蔡元培出生在浙江绍兴一个商贾之家。6岁时，蔡元培进入私塾，学习四书五经。1890年，蔡元培考中进士，两年后被授予翰林院编修。可就在蔡元培的仕途春风得意的时候，国家却陷入了危急存亡之秋。1895年，清政府在甲午战争中败给日本，被迫签署了丧权辱国的《马关条约》。二年后，力图变法强国的戊戌六君子血洒京城。这些

■ 蔡元培自幼聪颖好学，十七岁就考中了秀才。

事件改变了蔡元培的人生走向，他毅然辞去了翰林院的官职，走上了教育救国的道路。

其后，蔡元培曾经先后担任过绍兴中西学堂监督、中国教育会事务长等职，并创立了爱国女校及爱国学社。1912年，中华民国成立后，蔡元培被南京临时政府任命为教育总长。上任伊始，蔡元培立即着手制定民国教育方针，提出军国民教育、实利主义教育、公民道德教育、世界观教育和美感教育五项教育方针，主张采取西方教育制度，废止祀孔读经。可是，由于袁世凯政府的专制统治，他的主张并没有得到具体的施行。同年7月，蔡元培辞去教育总长的职务，随后赴法游学。

1916年，身在法国的蔡元培收到民国政府教育总长范源濂的邀请，到北京大学担任校长。北京大学的前身为京师大学堂，当时虽已改名为国立北京大学，但作为"皇家学校"

的官僚气氛依然浓厚。无论是老师还是学生，进入学校只有一个目的，就是图名求利。面对这样腐败的学风，许多朋友劝蔡元培不要蹚这潭混水，免得改革不成，反倒累及自己的名声。

然而，蔡元培决心已定。他对朋友们说："我国接受西方思想，至今已60余年，才懂得教育的重要性。正所谓'教育救国'，所以我必不能推辞。"

1917年1月4日，蔡元培赴北大上任。在就职演说中，他郑重其事地向学生们提出了三条要求：一是要以求学为宗旨，二是要砥砺德行，三是要敬师爱友。为了将北大塑造成真正的高等学府，蔡元培实行了大刀阔斧的改革，提出了中国教育史上著名的"思想自由、兼容并包"的主张。在这种精神的鼓励下，北大吸引了当时中国各路学术精英。既有新派的陈独秀、胡适、鲁迅、刘半农

■ 在蔡元培的努力下，北大学子的精神面貌焕然一新。

等人，也有旧派的辜鸿铭、黄侃等人。从那时起，"师生间问难质疑，坐而论道"的自由学风开始在北大形成，并影响了一代又一代的学子。

此外，蔡元培还大力鼓励学术研究，提倡社团活动，改革领导机制，实行民主办校、教授治校等一系列改革措施。就这样，在蔡元培的努力下，北大学术气氛浓厚，社团活动异常活跃，新思想、新观念蔚然成风，成为新文化运动的摇篮和中心，并为新民主主义革命的发生创造了有力的条件。蔡元培也因此成为中国近代教育改革的先驱。

成功密码

作为中国近代教育改革的先驱，少年时代的蔡元培走的是考秀才、中举人、进士及第的传统文人入仕道路。然而，列强入侵、国破家亡的时势让他顿悟，转而寻求教育救国。正是由于采取了顺乎时势的态度，蔡元培才把握住了时代契机，为中国创造了一个新北大，也完成了自己的人生理想。

西方哲学的奠基者
苏格拉底

Socrates

人物档案

姓　　名：苏格拉底

生 卒 年：前469～前399

国　　籍：古希腊

身　　份：哲学家

重大成就：创建西方伦理哲学

　　苏格拉底出生在古希腊一个雕刻工之家。从小，苏格拉底就跟随父亲学习雕刻技艺，并成了一名熟练的雕刻工。当时，雅典正处于哲学史上的"智者时期"，大批的诗人、艺术家、教师和哲学家云集雅典，使雅典成为一座名副其实的文化之城。所以，虽然出身贫寒，苏格拉底依旧获得了很多学习机会，年纪轻轻就以博学善辩而闻名雅典。作为一名公民，苏格拉底曾三次参军作战，还曾在雅典公民大会中担任过陪审官。人们都说他是雅

■ 苏格拉底时期的雅典学者云集。

典最有智慧的人。

不过，苏格拉底自己并不这样认为。为了找出比自己更具有智慧的人，苏格拉底拜访了很多有名望的政治家、诗人、艺术家和手工业者。通过

为了探求真理，苏格拉底经常与人辩论。

与这些人的交谈，苏格拉底发现，即使最聪明的人所拥有的智慧也是有限的。因此，他变得更加谦虚。他总说："我只知道自己一无所知。"苏格拉底在解决问题时，完全站在理性的角度。在他看来，理性可以主导一切。

30岁的时候，苏格拉底成为一名社会道德教师，教授哲学等相关知识。在苏格拉底之前，希腊的哲学主要研究宇宙的本源是什么，世界是由什么构成的等问题。苏格拉底认为研究这些东西对国家没有什么现实意义，于是，他转而研究起人类本身，即人类的伦理问题。如什么是正义，什么是勇敢，什么是人生等。

据说，有一次，几个学生问苏格拉底："人生是什么？"

苏格拉底没有回答，而是将学生带到一片苹果林，要

求他们从苹果林的这一头走到那一头，每人挑一个自己认为最大最好的苹果。但是，在挑选的时候，不许走回头路，不许选择两次。等学生们走出苹果林的时候，苏格拉底已经在等他们了。他问这些学生："你们挑到自己满意的苹果了吗？"大家你看看我，我看看你，都没有回答。苏格拉底见状，又问道："难道你们对自己的选择都不满意？"

"我刚走进苹果林时，就发现了一个很大的苹果，但我还想找一个更大更好的。可当我走到苹果林尽头时，才发现第一次看到的那个就是最大最好的。"一个学生说。

"我和他恰好相反。我走进苹果林不久，就摘下一个我认为最大最好的果子，可后来我又发现了更好的。"另一个学生说。

"老师，让我们再选择一次吧！"其他学生也不约而同地请求。

苏格拉底笑了笑，语重心长地说："这就

苏格拉底与学生探讨哲学问题。

■ 苏格拉底之死。

是人生——人生就是一次无法重复的选择。"

虽然深受学生的喜爱，但由于苏格拉底经常与人辩论，无形之中得罪了不少权贵。公元前399年，当权派以"蛊惑青年"为罪名判处了苏格拉底死刑。在关押期间，苏格拉底的朋友们劝他向雅典公民大会承认错误，这样就能保住性命。但苏格拉底宁愿死，也不肯放弃自己的信仰。在生命的最后一刻，他依然与朋友们侃侃而谈，直到狱卒送来毒酒。他端起杯子一饮而尽，安详地闭上了双眼。

成功密码

苏格拉底被称为"西方的孔子"，他为哲学研究开创了一个新的领域，他的一生都在追寻真理。但他并不是向人传授知识，正如他自己所说，他只是知识的"助产士"，帮助人们正确地思考，使他们过正当的生活。正是因为如此，他的名字才永垂青史。

Platon

西方哲学之父
柏拉图

人物档案

姓　　名：柏拉图

生 卒 年：前427～前347

国　　籍：古希腊

身　　份：哲学家、思想家

重大成就：西方客观唯心主义的创始人

　　公元前427年，柏拉图出生在古希腊一个显赫的贵族之家。他的父亲是古雅典国王的后裔，母亲是伟大的立法者梭伦的后代。柏拉图从小就受到了良好的教育，20岁时，已经成为一位颇具名气的青年学者。也就是在这一年，柏拉图遇

■ 柏拉图学园中的情景。

Celebrity stories

到了苏格拉底。当时，苏格拉底已是全雅典公认的最有学问的人。柏拉图偶然听到了苏格拉底的一次演说，便下定决心拜苏格拉底为师。

■ 柏拉图为小狄奥尼修讲授课程。

据说，当时苏格拉底曾问柏拉图："我自己还一无所知，你为什么还要拜我为师？"柏拉图回答道："一个人不知道自己的无知，才是双倍的无知，这就是我拜您为师的理由。"苏格拉底对柏拉图的回答很满意，欣然收下了这个学生。自此，柏拉图便追随苏格拉底，侍奉在其左右长达8年。

公元前399年，苏格拉底以"蛊惑青年"的罪名被判处死刑，柏拉图也受到牵连，被迫离开雅典，开始了长达12年的海外游历生活。此间，柏拉图曾经到过意大利、西西里、埃及等许多地方。每到一处，他都要与当地的学者进行深谈，讨论一些关于国家、社会和哲学方面的问题。这一过程使柏拉图的见识大为增长，逐渐形成了自己的思想体系。

公元前388年，柏拉图来到西西里岛的叙拉古。叙拉古国王狄奥尼修一世盛情邀其入宫，请他做自己的儿子小狄奥尼修的老师。然而，柏拉图进宫后，却直言不讳，将矛头指向狄奥尼修的统治制度，这使得狄奥尼修大为恼火。于是，他下令将柏拉图卖到非洲做了奴隶。后来，多亏好友安尼舍里斯相救，柏拉图才逃了回来。

公元前387年，柏拉图回到雅典。他将自己在长年游历中形成的哲学思想和政治观点记录下来，集合成一本著作，这就是《理想国》。

柏拉图的理想国有三个等级，第一等是哲学家，他们应该是国家的统治者；第二等是武士，他们应该保卫国家；第三等是农民和工商业者，他们专门供养以上两个等级。只要这三者都能各从其事，国家就可以达到"理想"的状态。

不过，对柏拉图的这一观点，许多人都持怀疑态度，他们不相信这个理想会真的实现。但柏拉

■ 著名画家拉斐尔根据柏拉图学园的情景创作的名画——《雅典学院》。

■ 绘有柏拉图和亚里士多德的陶罐。

图却告诉人们："理想的东西不一定都能实现，但你却不能因此而否定它！如果各城邦能变成一个近似理想国的城邦，我就如愿了！"

为了传播自己的思想，柏拉图在朋友的帮助下创立了欧洲历史上第一所综合性的学校——阿格德米学园。学园不但讲授治国安邦之道，还讲授自然科学，吸引了一大批才华横溢的青年来此学习，亚里士多德就是其中的佼佼者。此后，除公元前367年和公元前361年两次短暂出行之外，柏拉图一直在这里生活，从事著述和教学工作。

公元前347年，柏拉图在参加一个婚礼时安静地离世，享年80岁。 Celebrity

成功密码

作为古希腊最伟大的哲学家之一，柏拉图自幼便接受了良好的教育，有了丰富的知识积累。师从苏格拉底，又让他得以接触并学习到当时最先进的哲学思想。而成年后的坎坷经历开阔了他的眼界，丰富了他的思想，使他逐渐形成了自己的思想体系，并最终成为一位影响深远的思想巨匠。

西方哲学的集大成者
亚里士多德

Aristoteles

人物档案

姓　　名： 亚里士多德
生 卒 年： 前384～前322
国　　籍： 古希腊
身　　份： 哲学家、科学家、教育家
重大成就： 创立了形式逻辑学，丰富了哲学的各个分支学科

　　公元前384年，亚里士多德出生在希腊北方的斯塔基尔城。他的父亲是马其顿国王腓力二世的宫廷侍医，因医术高明，深得腓力二世的宠信。因此，亚里士多德从小就可以自由出入王宫。王宫贵族奢华的生活方式令小亚里士多德非常着迷。在一段时间里，他把大量的时间都花在了与贵族王子们的玩乐之中。

　　十几岁时，亚里士多德的父亲去世，母亲也在忧郁中一病不起。临终前，母亲对亚里士多德说："做人无论如何都要知道自己的位置。我们不是贵族，不要把自己装扮成他们的样子，那样只会害了自己。你应该学会做一些

■ 马其顿国王腓力二世。

事情，要像你的父亲那样，靠自己的知识和技能赢得别人的尊敬。"

母亲去世后，少年亚里士多德显得成熟多了。他不再追求时髦的穿戴，也不再醉心于玩乐，而是收

■ 亚里士多德与老师柏拉图。

起心思，把全部精力都投入到学习各种知识当中。

17岁时，亚里士多德进入柏拉图创办的学园求学。在交往中，柏拉图发现这个年仅17岁的少年不仅举止温文尔雅，而且学识渊博，才华横溢，所以对他大为欣赏。柏拉图曾经这样赞赏亚里士多德："我的学园可以分为两部分——一般学生构成它的躯体，亚里士多德构成它的头脑。"

在学园，亚里士多德度过了20年的时光。这段时间对亚里士多德来说是个很重要的阶段，对他的一生产生了决定性的影响。在这里，他不仅努力学习柏拉图的各种学问，而且将求知的触角伸到各个领域，对政治、历史、天文、数学、物理、生物、心理、修辞、戏剧等都做了深入的研究。作为学生，亚里

士多德对老师十分尊敬。但是，他在思想上却从不受任何人的束缚。对于柏拉图的某些观点，他也照样反驳。这使柏拉图的许多学生深感不满。他们经常谴责亚里士多德，要他懂得尊重老师。面对这些责难，亚里士多德从来也不为所动。他告诉同学们："我爱我的老师，但我更爱真理。"

柏拉图去世后，亚里士多德离开雅典，开始了游历生活。4年后，受腓力二世的邀请，亚里士多德返回故乡，担任了当时年仅13岁的亚历山大大帝的老师。亚里士多德对亚历山大灌输了道德、思想及哲学上的知识，对亚历山大思想的形成起到了重要的作用。正是在亚里士多德的影响下，亚历山大

■ 亚历山大大帝向亚里士多德求教。

大帝始终对科学事业非常关心，对知识十分尊重。

公元前335年，亚里士多德重返雅典，创办了"吕克昂学园"，教授哲学。亚里士多德非常重视教学方法，反对那种刻板的教学方式。于是，人们经常可以看到他一边领着学生漫步在校园的林荫大道上，一边讨论哲理，因此后人把亚里士多德学派称为"逍遥学派"。除了讲课，亚里士多德还致力于自然科学的研究，撰写了大量著作。

公元前322年，亚里士多德因病去世。然而，他的思想却一直影响着西方社会的发展。**Celebrity**

成功密码

作为一位伟大的、百科全书式的学者，亚里士多德对世界的贡献无人可比。他的思想对西方文化产生了深远的影响。作为柏拉图的学生，他不迷信老师的权威；作为亚历山大的老师，他没有戴着既得的光环停滞不前，这奠定了他成功的基石。而勤于思考、努力好学、探索真知，则构建了他成功的大厦。

Bacon

唯物主义哲学的创始者
培根

人物档案

姓　　名：弗兰西斯·培根
生 卒 年：1561～1626
国　　籍：英国
身　　份：哲学家、政治家
重大成就：提出了唯物主义经验论的基本原则

　　培根出生于伦敦一个官宦世家，父亲尼古拉斯·培根是伊丽莎白女王的掌玺大臣，母亲安妮是一位颇有名气的才女。他们非常注重对培根的教育，这使培根小小年纪就表现出了超乎寻常的才智。

　　1573年，父母将12岁的培根送入剑桥大学三一学院学习。在学习期间，培根对传统观念和信仰产生了怀疑，开始独自思考社会和人生的真谛。

　　在剑桥大学学习三年后，培根作为英国驻法大使埃米阿斯·鲍莱

■ 伦敦一景。

爵士的随员来到巴黎。在旅居巴黎两年半的时间里，他几乎走遍了整个法国，接触到不少新鲜事物，吸取了许多新的思想，这对他的世界观的形成起到了很大的作用。

1579年，培根的父亲突然病逝。处理完父亲的丧事之后，培根进入了格雷律师学院攻读法律。1582年，他取得了律师资格，两年后当选为国会议员。随着知识和阅历的增长，培根在思想上更为成熟了，他决心把一切脱离实际、脱离自然的知识加以修正，把经验观察、事实依据、实践效果引入认识论。这一伟大抱负成为他的"科学的伟大复兴"的

■ 成年后，培根致力于"科学的伟大复兴"。

主要目标，是他为之奋斗一生的志向。

1597年，培根发表了他的处女作《论说随笔文集》。在这本著作中，培根将自己对社会的认识和思考以及对人生的理解，浓缩成许多富有哲理的格言警句，如"读史使人明智，读诗使人灵秀，数学使人严密，物理学使人深刻，伦理学使人庄重，逻辑学、修辞学使人善辨；凡有学者，皆成性格"等。这些格言警句深受广大读者的欢迎，也初步奠定了他的思想基础。此后，培根又完成了《学术的进展》《论古人的智慧》《新工具论》等巨著。在这些书中，培根高度赞扬了古人的智慧，指出人类可以通过对古代寓言故事的研究寻找失去的智慧。同时，他还从唯物论立场出发，猛烈抨击了中世纪的蒙昧主义。指出科学的任务在于认识自然界及其规律。他认为应当打破神学的桎梏，借助科学发现和发明使人类获得驾驭自然的力量。他还提出了"真理是时间的女儿，不是权威的女儿""知识就是力量"这些伟大的论断。

培根的这些思想对近代哲学的发展

■ 因自己的主张触犯了统治者的利益，培根曾被囚禁在伦敦塔。

产生了重大的影响，为西方近代哲学和科学的发展提供了崭新的唯物主义世界观和方法论，他也因此被马克思誉为"英国唯物主义和整个现代实验科学的真正始祖"。

1626年，由于风寒入侵，这位伟大的科学先驱离开了人世。在他的墓碑上，刻有这样一句话：圣奥尔本斯子爵——如用更煊赫的头衔应称之为"科学之光""法律之舌"。

成功密码

培根是一个奇才，12岁便进入剑桥大学。但他的成就却并不完全得益于聪明才智，更多的是来自他孜孜不倦的学习、探索，以及对权威的怀疑、对真理的印证。也正是因为如此，才使他获得了"英国唯物主义和整个现代实验科学的真正始祖"的荣誉。

现代哲学之父
笛卡尔

Descartes

人物档案

姓　　名：勒内·笛卡尔
生 卒 年：1596～1650
国　　籍：法国
身　　份：哲学家、物理学家、数学家
重大成就：欧洲近代哲学的奠基人

　　1596年，笛卡尔出生在法国西部布列塔尼半岛上的图朗城。他从小就对周围的事物表现出极大的好奇，最喜欢追根问底，从不盲目接受别人的观点。8岁时，笛卡尔被父亲送入教会学校，接受古典教育。由于自幼体弱多病，所以学校特

■ 笛卡尔的故乡——图朗城。

许他早晨不必到学校上课。然而，小笛卡尔并没有因此而偷懒，在他的枕边总是放着一大堆哲学、数学书籍。他虽然微闭着双眼，大脑里却不停地回忆老师教的和自己读到过的一些内容，并提出疑问，继而用自己所掌握的知识来回答。他的思想就在这种思考中得到了孕育。

　　成年后，笛卡尔将自己的研究方向放在了哲学和数学上。可是，随着研究的深入，他反倒越来越感到困惑。因为对于一些重要的哲学问题，许多哲学家都得出了不同的答案。而经过推敲后，笛卡尔发现这些答案不过是一些模棱两可甚至前后矛盾的理论。于是，他决定不再死钻书本，而要向"世界这本大书"讨教。为此，笛卡尔加入了军队，想借机游历欧洲，在游历中寻求真知。

　　5年后，笛卡尔结束了自己的军旅生活返回巴黎，不久又移居荷兰。在此后20年的时间里，笛卡尔集中精力做了大量的研究工作，逐渐形成了自己的哲学体系。

笛卡尔认为，哲学的目的在于造福人类，使人类成为自然界的主人。而经院哲学那些高冠冕堂皇的理论，不仅不能使人们获得正确可靠的知识，反倒会将人们引入误区。因此，他主张必须建立一种以追求真理为目的，又利于人类征服自然的新哲学，但"真理的获得并非出于上帝的恩赐，而是要靠人的聪明才智，要以人人具有的理性为标准"。不过，在人成长的过程中，并不能充分地运用自己的理性，因此便很容易为一些偏见所误导。所以笛卡尔指出，必须对一切稍有可疑之处的事情加以怀疑，这就是他著名的"怀疑主义"理论。

但是，"当一个人怀疑一切事物的存在时，却不用怀疑他本身的思想，因为此时他唯一可以确定的事就是自己思想的存在"。正是基于这个观点，笛卡尔又提出了"我思故我在"的观点，

■ 笛卡尔的自我世界。

这构成了笛卡尔哲学大厦的基石。它否定了以"神"作为开端的旧哲学，开创了以"我"为中心的新哲学，对欧洲近代哲学产生了巨大的影响，奠定了西方近代资产阶级哲学的基础。

笛卡尔死后，被葬在巴黎圣格弗埃蒙特大教堂。

笛卡尔的这些论断引起了教会的愤怒，教皇甚至下令将他的著作列为禁书，禁止以任何方式传播。但真知是永远禁锢不了的，在此后的数百年，笛卡尔的思想一直影响着欧洲哲学的发展。他也因此获得了"现代哲学之父"和"欧洲科学始祖"的美誉。

成功密码

在笛卡尔的墓碑上写着："笛卡尔，欧洲文艺复兴以来第一个为人类争取并保证理性权利的人。"一个受传统神学教育的孩子，是如何成长为"现代哲学之父"的？综观笛卡尔的一生，可以看出这与他从小就博览群书、独立思考是分不开的。正是因为他懂得怀疑，并在怀疑中探求，才成就了近代哲学，更成就了他自己。

法学理论的奠基人
孟德斯鸠

人物档案

姓　　名：查理·路易·孟德斯鸠
生 卒 年：1689～1755
国　　籍：法国
身　　份：启蒙思想家、法学家
重大成就：奠定了近代西方政治与法学理论发展的基础

　　1689年1月18日，孟德斯鸠出生在法国南部波尔多附近的拉布雷特庄园。1714年，25岁的孟德斯鸠出任波尔多法院顾问。两年后，他接任伯父的职务，担任了波尔多法院院长。当时正是法国封建专制统治由盛转衰的时期。孟德斯鸠在担任法院院长的12年中，亲眼目睹了封建制度的专横、残暴与腐朽，对自己的工作产生了深深的厌恶。于是，他开始将主要精力转入科学研究和著述，以寻找革新之路。

■ 波尔多一景。

1721年，孟德斯鸠化名"波尔·马多"发表了第一部讽刺性的哲理小说《波斯人信札》。这本书通过两个波斯人漫游法国的故事，对法国封建君主和上层社会的种种暴政和弊端进行了辛辣的讽刺和鞭笞，将矛头直指以法王路易十四为代表的上层社会。孟德斯鸠还借书中人

《波斯人信札》

物之口直接表达了自己的主张："如果君主不能给自己的臣民创造幸福的生活，反而想压迫和毁灭他们，那么，服从的理由就没有了。"该书一经问世，立即引起了人们的疯狂抢购，短短时间内就连印了四版。

不久，孟德斯鸠卖掉了世袭的法院院长职位，迁居巴黎，专门从事学术研究。在此期间，他先后到过奥地利、匈牙利、意大利、荷兰、瑞士和英国，考察了各国的政治、法律、习俗和宗教信仰等各方面的状况。他还特意在伦敦居住了两年，详细考察了英国的政治制度，旁听了两党在议会中

的辩论，探讨了英国唯物主义哲学思想。这些对他一生的思想发展产生了重大的影响。

1731年，孟德斯鸠回到故乡，开始整理搜集到的资料，潜心著书立说。1748年，孟德斯鸠发表了举世闻名的，耗费了他22年心血的《论法的精神》。书中，孟德斯鸠采用资产阶级的革命观点，阐述了国家的本质和起源。他明确指出，为了促进社会的发展，法国应实行君主立宪制。而为了保证君主立宪制的实行，则必须实行"三权分立"，即把国家的立法权、行政权、司法权分开，使其相互平衡、相互制约。只有这样，公民的自由才有保证，才能防止君主滥用权力。

提出这一理论的目的在于限制王权，使资产阶级能够参与政权。因此，这一学说成为日后

■ 孟德斯鸠的思想直接影响了法国大革命的爆发。

法国资产阶级革命的理论武器，进而影响了整个世界资产阶级革命运动的产生与发展。《论法的精神》问世后，引起了欧洲封建统治阶级和教会势力的恐惧与仇恨。巴黎大学和主教会议一致决定将这本书列为禁书，耶稣教会的教士更是对孟德斯鸠发起了围攻。为了回应敌人的攻击，孟德斯鸠以笔为武器，进行了有力反击。先后发表了《为〈论法的精神〉辩护与解释》《波斯人信札·增补书信》等著作。1754年，64岁的孟德斯鸠在出行途中染病，第二年病逝于巴黎。

■ 为纪念孟德斯鸠诞辰300周年发行的钱币。

成功密码

作为启蒙运动的代表人物之一，孟德斯鸠的思想和学说不仅对法国资产阶级革命产生了巨大的影响，而且对整个西方资产阶级法律制度的确立也起到了不可忽视的作用。他之所以取得这样的成就，就在于他一生都在不停地思索，不停地斗争。他以过人的智慧和无畏的勇气，为人类打开了一扇通向自由的大门。

法兰西思想之王
伏尔泰

Voltaire

人物档案

姓　　名：弗朗索瓦·玛丽·阿鲁埃（笔名伏尔泰）

生 卒 年：1694～1778

国　　籍：法国

身　　份：启蒙思想家、哲学家、文学家

重大成就：他的思想将人们从蒙昧中唤醒，直接引发了
　　　　　法国大革命

　　18世纪60年代的一天，法国的一个邮局在分拣邮件时，发现了一封奇怪的信。只见信封上写道："寄给诗人之王、欧洲的守护神、祖国的喉舌、天才的知己、一切迫害的谴责者、宗教狂的对头、孤儿的慈父、善人的典范。"除此之外，信封上并没有收信人的姓名和地址。这封信应该投递给谁呢？

　　"一定是他！只有他才配享有这些尊贵的称号！"经手的邮递员毫不迟疑地说。于是，他把

■ 伏尔泰从小就立志从事文学创作。

这封信送到了伏尔泰的手中。果然送对了！

伏尔泰，原名朗梭阿－马利·阿鲁埃，1694年出生于巴黎一个富裕的中产阶级家庭。伏尔泰的父亲是个法律公证人，希望儿子长大后能做个法官。可是，伏尔泰却选择了另外一条路——文学创作。不过，他并不是个只知道闷头读书的青年，对社会上的任何事他都非常关注。当时，法国的封建专制主义已经到了末期。伏尔泰亲眼目睹了统治阶级的腐朽反动，他用手中的笔做武器，将矛头直指封建统治阶级。

他尖刻地抨击了天主教会的黑暗统治，他把教皇比作"两足禽兽"，把教士称作"文明恶棍"，说天主教是"一些狡猾的人布置的一个最可耻的骗人罗网"，他号召"每个人都应该按照自己的方式同那些宗教狂做斗争"。为此，他遭到了统治阶级和教会的极度仇视，先

■ 对于统治阶级的奢华腐朽，伏尔泰深恶痛绝。

后两次被投入巴士底狱。

1726年，伏尔泰被驱逐出法国。他来到英国，考察了英国君主立宪的政治制度，深入研究了洛克的哲学著作和牛顿的科学成果，逐渐形成了自己反对封建专制主义的政治主张和唯物主义哲学观点。3年后，伏尔泰返回巴黎，积极开展启蒙思想的宣传。1734年，他的第一部哲学名著《哲学通信》出版，该书首次系统地向法国人民介绍了英国的哲学、文学、政治理论和政治状况，但出版后立即遭到了法国当局的查禁，伏尔泰也再次被驱逐出法国。之后，他不停地在欧洲各地奔走，直到1755年，才在法国和瑞士边境的费尔耐庄园定居下来。

在费尔耐庄园，伏尔泰写下了大量作品，揭露宗教迫害和专制政体下司法部门的黑暗。伏尔泰的坚决斗争唤醒了越来越多的法国民众，摧毁了教会的威信，为即将到来的资

■ 在流亡中，伏尔泰曾应普鲁士国王腓特烈二世的邀请到过柏林。

产阶级革命铺平了道路。

　　1778年，这位启蒙泰斗在费尔耐逝世，享年84岁。他虽然没有亲眼看到法国大革命的爆发，但他的毕生精力却都投入到对这场伟大变革的准备中。正是因为如此，在他去世后，法国封建统治阶级还是那样恨他、怕他。他们不许将他的遗体安葬在巴黎，甚至不许他的著作在法国出版。

■ 即使在晚年，伏尔泰依旧笔耕不辍。

　　但是，法国人民不会忘记伏尔泰。法国大革命胜利后，法国人民于1791年将伏尔泰的骨灰隆重地运回了巴黎，在他的枢车上写着这样一句话："他教导我们走向自由。"

成功密码

在法国历史上，几乎没有一个人获得过伏尔泰那样的荣誉。他的荣誉不仅来自他的思想和著作，还在于他在现实中的贡献。正如爱因斯坦所说："第一流人物对于时代和历史进程的意义，在其道德品质方面，也许比单纯的才智成就方面还要大。"这就是伏尔泰成功的密码。

法国大革命的思想先驱
卢梭

Rousseau

人物档案

姓　　名：让·雅克·卢梭
生卒年：1712～1778
国　　籍：法国
身　　份：启蒙思想家、教育家、哲学家
重大成就：他的著述为法国大革命中的激进派提供了理论指导

1712年6月28日，卢梭出生在日内瓦一个钟表匠家庭。他自幼丧母，由父亲抚养长大。卢梭的父亲嗜好读书，这种嗜好也遗传给了卢梭，父子俩经常在晚饭后相互诵读，甚至通宵达旦。读书充实并滋养了卢梭的心灵，7岁的时候，他已经读完了家里所有的藏书。后来，父亲又为他借来了大量古希腊、古罗马的著作，这些书中的人物深深影响了卢梭，使他养成了倔强高傲、不肯受束缚和奴役的性格。

可这样的生活在卢梭13岁那年戛然而止。那一年，父亲因为受人诬告远走他乡，卢梭开始自谋生路。他做过仆人、杂役、乐谱抄写员，饱尝了人间的辛酸和困苦。然而，即使在流浪生活中，卢梭依旧勤学不辍，无论是哲学、文学、音乐，还是数学、天文、生理，他都有所涉猎。

在流浪生活中，卢梭曾经得到过德·瓦朗夫人的许多帮助。

1745年，卢梭在巴黎结识了著名思想家狄德罗。在狄德罗的邀请下，卢梭参与了《百科全书》的编撰工作，负责撰写有关音乐方面的条目。

1749年，卢梭以《论科学和艺术》一文获得了法国著名高等学府第戎学院的征文一等奖，一举成名。3年后，他创作的歌剧《乡村占卜者》在巴黎首演，获得了巨大成功。为此，法王路易十五专门下令召见他，打算赐予他一笔年金，但卢梭却避开了。他知道，在那种环境中从事写作，会断送天才，毁坏才智。他曾经对朋友说："没有任何伟大的有生命力的作品，是由纯粹牟利的作家写出来的。"

于是，卢梭来到位于巴黎近郊的蒙莫朗西森林，过起了隐居生活。在那里，他完成了一系列作品，其中最著名的就是《社会契约论》。在这部著作里，卢梭阐述了他的"天赋人权说"。他指出："人是生而自由平等的，政府的职责仅仅是执行人民的意愿，而不是人民的主人。如果政府篡夺了人民的权利，人民就有权推翻它。"卢梭的《社会契约论》，成为反对君权、教权以及一切特权等级，摧毁一切封建传统的犀利武器，引起了巨大的轰动。拿破仑甚至说："假如没有卢梭，就没有法国大革命。"

1762年，卢梭又出版了他的另一部巨著《爱弥儿》。在这部经过20年构思和3年写作的著作里，卢梭通过对他所假设的对象爱弥儿的教育，否认了教会、教条主义、教义乃至教士存在的必要。这引起了以教会为代表的统治阶级的极大恐慌和愤

■ 卢梭参加文艺沙龙。

怒。法国大理院下令焚毁此书并通缉卢梭。在朋友的帮助下，卢梭逃离巴黎，过起了逃亡生活。直到1770年法国政府下令赦免他，他才返回巴黎。

为了完成《爱弥儿》的创作，卢梭曾经向许多母亲讨教。

在8年的逃亡生活中，卢梭仍不忘写作。为了回击封建统治者对他的诬蔑，解释他同一些朋友产生矛盾的原委，卢梭用了6年时间，完成了12卷的自传《忏悔录》。

1778年7月2日，卢梭在巴黎东北的埃尔梅农维尔庄园病逝，结束了他坎坷的一生。

成功密码

作为法国著名的启蒙思想家，卢梭的思想影响了整整一个时代。他的政治学说成为资产阶级共和主义政治蓝图的理论基础。但是，他的一生却是在挫折与困顿中度过的，这样的生活在考验他肉体的同时，也使他更深刻地体味到了社会与自然的真谛，并最终成就了自己。

经济学之父
亚当·斯密

Adam Smith

人物档案

姓　　名：亚当·斯密
生 卒 年：1723~1790
国　　籍：英国
身　　份：古典政治经济学家
重大成就：经济学的主要创立者

　　亚当·斯密是个遗腹子，出生于苏格兰，他的父亲在他出世前几个月去世，只剩下他和母亲相依为命。小时候，亚当·斯密就是个非常害羞的孩子，直至长大成人，他的这种个性依旧没有改变。他喜欢自言自语，经常因为想事情想得出神而做出一些糗事。比如，在他担任海关专员的时候，一次，有一份公文需要他签字，可当时他正在思考问题，因此不知不觉将自己的名字写成了前一个签名者的名字。不过，这种性格也使得他能够集中精神思考，专心从事学术研究。

　　1737年，亚当·斯密考入格拉斯哥大学，

攻读数学和自然哲学。在导师、著名的启蒙思想家弗朗西斯·哈奇森的熏陶下，亚当·斯密开始接受哈奇森关于"大多数人的最大幸福"的哲学主张和经济思想。

在格拉斯哥大学，亚当·斯密受到了最初的经济学教育。

3年后，亚当·斯密转至牛津大学，开始研究哲学和政治经济学。毕业后，他回到苏格兰，受聘于爱丁堡大学，讲授修辞学和文学。除了教学工作外，亚当·斯密还从事经济理论方面的研究工作，他曾参加格拉斯哥经济学会，并在那里作过演讲。他认为，在社会经济生活中存在一种自然规律，要达到符合自然规律的要求，必须实现经济自由。

这期间，亚当·斯密与著名哲学家、历史学家休谟建立了深厚的友谊，两人经常探讨有关哲学、经济、历史、政治等方面的问题。1759年，亚当·斯密出版了他的第一部著作

《道德情操论》，在学术界获得了极高的声誉。《道德情操论》不仅包括伦理道德问题，还包括心理学、政治学、经济学等多方面的见解。休谟在阅读之后对该书给予了高度评价。

1762年，在做了14年的教学工作后，亚当·斯密辞去了教授职务。经休谟引荐，他开始担任柏克里公爵的私人讲师。他曾陪同柏克里在欧洲大陆考察、旅行了大约3年之久，结识了很多著名的经济学家、哲学家、思想家。在与他们的接触中，亚当·斯密感到受益匪浅，这对他的思想发展和理论创建产生了深远的影响，形成了他经济学方面的主要观点。

在巴黎时，亚当·斯密经常与杜尔哥等人讨论经济问题。杜尔哥是18世纪下半叶法国资产阶级经济学重农学派的主要代表，这一学派认为农业是财富

■ 在游历欧洲的过程中，亚当·斯密结识了许多知名学者。

的唯一源泉；反对行会和国家干预经济生活，宣扬自由竞争，提倡自由贸易。这些观点对亚当·斯密经济理论的形成产生了很大的影响。

1790年，亚当·斯密在爱丁堡逝世。

返回英国后，亚当·斯密辞去私人教师的工作，开始了《国富论》的创作。经过9年的艰辛劳动，1776年，这部伟大的著作终于完成了。它不仅为亚当·斯密带来了鲜花和赞誉，更奠定了资本主义自由经济的理论基础。从此以后，经济学作为一门独立的科学屹立于学术之林。

成功密码

作为英国古典政治经济学最伟大的代表，亚当·斯密从一个脾气古怪的儿童成长为"经济学之父"并非偶然。他善于思考，求知不倦，善于接受新鲜而丰富的理论，为其思想的形成打下了坚实的基础。而《国富论》的出版，则使他成为将经济学理论完整化和系统化的第一人。

德国古典哲学的创始人
康德

Kant

人物档案

姓　　名：伊曼努尔·康德

生 卒 年：1724～1804

国　　籍：德国

身　　份：哲学家

重大成就：创立德国古典哲学

　　1724年，康德出生于东普鲁士首府柯尼斯堡一个马鞍匠家庭。康德的父母都是虔敬派教徒，虔敬派强调宗教的精神，重视虔诚的信仰，这对幼小的康德产生了很深的影响。8岁时，康德进入小学。当时，学校提倡的是人文主义精神，反对宗教带给人的思想上的僵化。学校的教育改变了康德的宗教态

■ 康德的故乡柯尼斯堡景色优美。

度，他开始怀疑建立在感觉上的宗教，这为他以后思想体系的形成奠定了最初的基础。

24岁的时候，康德成为一名家庭教师。他出版了自己的第一本著作《关于生命力的真实估计之思考》，内容涉及笛卡尔、牛顿和莱布尼茨提出的哲学与科学命题等。5年后，康德返回柯尼斯堡继续学习。1755年，康德获得硕士学位，开始从事私人助教的工作。在这个职位上，康德一干就是15年。他的课程非常繁忙，同时兼任自然地理学、数学、力学、工程学、伦理学、雄辩学等多门课程，最多的时候一天要不停地讲8个小时。不过，康德的生活非常有规律，所以繁忙的工作并没有影响他的健康。

关于康德有规律的生活，还有一个有趣的小故事。据说，每天下午三点半，康德都会伴随着教堂的钟声去散步，邻居们便以此来校正时间。可有一次，康德因为读《爱弥儿》一书入迷，以致错过了散步的时间，这使得他的邻居们一时竟搞不清是否该以教堂的钟声来核对自己的表。

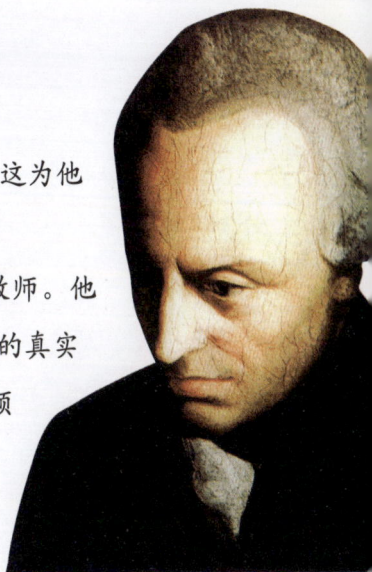

Celebrity stories

在担任助教期间，康德开始发表著作。他的论题包罗万象，从自然科学、美学、神学到巫术应有尽有，但贯穿其中的问题只有一个，那就是哲学研究应该如何进行：是从理性的观点出发，从普遍真理中推导出有关事物的真理？还是从经验出发，通过观察得出普遍的结论？

而这些问题，10年后，在他的三部伟大著作《纯粹理性批判》《实践理性批判》和《判断力批判》中给出了答案。《纯粹理性批判》告诉我们，我们只能知道自然科学让我们认识到的东西。《实践理性批判》告诉我们，我们要做的就是尽我们的义务。《判断力批判》则告诉我们，如果要真正做到有道德，我们就必须假设生命的结束并不代表一切都结束了，因为还有希望。

这三部著作构成了康德完整的哲学体系，深刻地影响了同时代和后来的德国哲学家及世界各国的人们。他的一段话常常被

■ 康德在天文学上的成就也很高，"星云说"就是他提出来的。

098

后人引用：有两件东西，我们愈加思考，就会愈来愈产生一种无以复加的敬畏，那就是我们头顶的星辰和我们内心的道德准则。哲学家的使命就是要一往无前地追求自然之规律和人类之准则。

■ 康德墓碑。

而康德的一生，也正是在这种勇往直前的追求中度过的。直到生命的最后一刻，他还在笔耕不辍。1804年，康德在柯尼斯堡病逝。人们为他举行了隆重的葬礼，以纪念这位伟大的思想家。

成功密码

康德是德国哲学革命的开创者。叔本华说："任何人在哲学上如果还未了解康德，就只不过是个孩子。"歌德说："当你读完一页康德的著作，你就会有一种仿佛跨入明亮的厅堂的感觉。"这当然是因为康德的思想所闪耀的光辉，而这种光辉的形成则得益于规律的生活、严谨的思考、不息的努力与奋斗。

德国古典哲学的集大成者
黑格尔

Hegel

人物档案

姓　　名：格奥尔格·威廉·弗里德里希·黑格尔

生 卒 年：1770～1831

国　　籍：德国

身　　份：哲学家

重大成就：哲学发展史上系统阐述"唯心主义辩证法"
　　　　　的第一人

1770年，黑格尔出生在德国一个政府公务员家庭。10岁时，黑格尔进入斯图加特城文科中学，接受古典和启蒙教育。他天资聪颖，各门学科都很出色。尽管这样，对儿子抱有很大希望的父亲还是为他聘请了家庭教师。黑格尔并没有辜负父亲的期望，整个中学时代，他的成绩都是出类拔萃的。也就是在这个时候，黑格尔养成了读书的习惯。他爱读那些严肃的书，因此，同学们

■黑格尔在生活中虽然沉默寡言，但辩论起来却能侃侃而谈。

在耶拿大学，黑格尔完成了他的第一部著作。

总拿黑格尔开心，称他为"老头儿"。不过，黑格尔并没有为此而生气，事实上他和所有人都合得来，大家都把他当做知心伙伴。

1788年，黑格尔进入图宾根大学的神学院学习哲学和神学。第二年，震惊世界的法国大革命爆发，这对年轻的黑格尔造成了很大的冲击，社会政治问题开始进入他的生活，并成为他一生的研究"癖好"。从神学院毕业后，黑格尔并没有去做牧师，而是做了一名家庭教师。这一职业给了他充足的时间去研究哲学，他的思想体系也在这个时期初具雏形。

1799年，黑格尔的父亲去世了，他得到了一笔丰厚的遗产。于是，他辞去工作，开始了真正的学术生涯。1801年，黑格尔来到德国文化复兴和自由思想中心——耶拿大学，成为耶拿大学的一名编外讲师，讲授逻辑学和形而上学的课程。随着教学的进程，他逐渐将自己的整个思想体系展开。在此期间，黑格尔结识了伟大的文学家，时任魏玛公国教育文化大臣的歌德。在歌德的帮助下，黑格尔被任命为耶拿大学特命教授，这为黑格尔免去了后顾之忧，安下心来专心著书立说。

1816年，黑格尔完成《大逻辑》一书。在这本书里，他首次描述了自己哲学体系的最终形态。第二年，他又出版了《哲学全书纲要》，第一次完整地展示了自己的哲学体系。

黑格尔的哲学包含着丰富的辩证法思想。他在批判康德哲学的基础上，从唯心主义的一元论出发，建立起自己的客观唯心主义哲学体系，从而大大地发展了辩证法思想。此外，黑格尔还批判地继承了费希特、谢林等人的哲学思想，使辩证法得到了全面系统的表述。他的思想代表了19世纪德国唯心主义哲学运动的顶峰，对后世存在主义和马克思历史唯物主义都产生了深远的影

响。正如恩格斯所说："近代德国哲学在黑格尔的体系中达到了顶峰。在这个体系中，黑格尔第一次把整个自然的、历史的和精神的世界描写成处于不断运动、变化、转化和发展中，并企图揭示这种运动和发展的内在联系。这是他的巨大功绩。"

■ 马克思和恩格斯的思想有许多都来自于黑格尔。

1831年，这位伟大的哲学家因患霍乱死于柏林的家中，享年61岁。

成功密码

黑格尔哲学是19世纪德国最具代表性的哲学体系，居于整个时代的顶峰。哲学是以各门自然学科为基础的一门学科，因而，黑格尔哲学体系的形成，与他青少年时代博览群书有着密不可分的关系。同时，启蒙运动的影响以及对众多古典唯心主义先行者思想的批判性的吸收，最终铺就了黑格尔的成功之路。

共产主义的奠基人
马克思

人物档案

姓　　名：卡尔·马克思
生 卒 年：1818～1883
国　　籍：德国
身　　份：政治家、哲学家、经济学家、革命理论家
重大成就：创立科学共产主义理论，创立马克思主义哲
　　　　　学、政治经济学体系

1818年，马克思出生在德国莱茵省特里尔城一个律师家庭。当时，德国还处于封建专制主义的统治之下，社会制度混乱，人民生活困苦。目睹这些，马克思从小就表露出一种渴望为人类献身的精神。他在中学毕业论文中就曾写下过这样的话："如果我们选择了最能为人类福利而劳动的职业，我们就不会为它的重负所压倒，因为这是为全人类所作的牺牲。那时，我们感到的将不是一点点自私而可怜的欢乐，我们的幸福将属于千万人，我们的事业

并不会显赫一时，但将永远存在。"

　　1836年，马克思进入柏林大学。当时，柏林大学中有两大对立的思想派系，一派是"青年黑格尔派"，他们渴望民主政治，反对现实

■ 马克思在审阅报纸。

社会中的种种不平等现象。另一派是"老年黑格尔派"，他们拥护专制政权，支持专制政府的专制统治。马克思加入了"青年黑格尔派"，这使他更多地吸收了该派的民主思想，为他以后的思想发展、理论建树奠定了基础。

　　大学毕业后，马克思成为《莱茵报》的主编。正是在这期间，发生了马克思思想发展史上著名的"林木盗窃问题"。事情是这样的：在德国西部有大片森林和草地，附近的居民经常在这里砍柴、放牧。可后来，一些贵族地主霸占了这片土地，他们禁止居民踏入这片土地，否则便以"盗窃"论处。这引起了广大居民的强烈不满，他们把这件事诉诸议会，可议会审议的结果却是支持那些封建贵族的决定！

结果公布之后，在全国引起了轩然大波，人们愤怒谴责议会的不公平处理。马克思也感到十分气愤，他在《莱茵报》上发表了一系列文章表明自己的看法，严厉抨击了普鲁士政府的做法。这引起了普鲁士政府的愤恨，他们派人查封了《莱茵报》，马克思也被迫辞去了主编的职务。

1844年，马克思在巴黎结识了恩格斯，从此开始了他们的终身合作。第二年，他们共同完成了《德意志意识形态》一书，第一次提出了无产阶级夺取政权的历史任务。

1847年，马克思和恩格斯加入了共产主义者同盟，并于同年参加了共产主义者同盟第二次代表大会。接受大会委托，起草了同盟纲领《共产党宣言》。《共产党宣言》总结了无产阶级斗争的历史经验，系统、完整地阐述了关于无产阶级革命与无产阶级专政的理论。

1861年，马克思开始着手写《资本论》。

1867年，《资本论》的第一卷出版，系统阐述了马克思主义经济理论的主要基石——剩余价值理论，揭示了资本主义社会的内部矛盾和经济运动规律，论证了资本主义必然灭亡和共产主义必然胜利的理论。

■ 马克思墓。

19世纪70年代到80年代初，马克思投入主要精力写《资本论》第二、第三卷。反动政府的迫害，贫困的生活，繁重的工作和紧张的战斗，使马克思的身体受到严重损害。1883年3月14日，马克思在工作室的座椅上溘然长逝。

成功密码

马克思是世界历史上最伟大的革命理论家和思想家之一，从小聪敏好学。进入柏林大学后，激进的学术思想使他确立了全新的人生观。此后，马克思义无反顾地投身到无产阶级的斗争中，并凭借着坚忍的毅力与执著的信念完成了巨著《资本论》，为全世界人民争取共产主义事业的最终胜利指明了道路。

哲学狂人
尼采

Nietzsche

人物档案

姓　　名：弗里德里希·尼采

生 卒 年：1844 ~ 1900

国　　籍：德国

身　　份：哲学家

重大成就：开创西方现代哲学

1844年10月15日，尼采出生于普鲁士萨克森州一个乡村牧师家庭。尼采自幼身体孱弱，性情也十分孤傲，不愿意与同龄人玩耍。阅读《圣经》是尼采孩提时代唯一的爱好，因此小小年纪就得了个"小牧师"的称号。

14岁时，尼采进入普夫达中学，这个学校教授的都是古典课程，训练也很严格，出了很多伟人。可是尼采却难以接受这种生活，他从不愿接近任何人，音乐

■ 宗教和艺术对尼采的影响很深。

和诗歌成为他感情生活的唯一寄托。尽管如此，这个忧郁的少年却仍给许多同学留下了深刻的印象。原因来自一件英勇并带有孩

■ 虽然性格内向，但一谈起自己的学说，尼采就顿时神采飞扬。

子气的轶事。当时，英雄穆西乌斯的故事流传甚广，但在一些同学看来，那些故事是不可信的。他们认为没有人有胆量把自己的手放进火里。见同学们怀疑自己的偶像，尼采二话没说就从火炉中掏出一块燃烧的煤块，把它放在自己的手掌上。煤块在他的手掌上留下了一道终生都无法去除的疤痕。

1865年，尼采进入莱比锡大学。在这里，他开始接触哲学家叔本华的思想，这些思想后来成为尼采哲学思考的起点。他还认识了歌剧作曲家瓦格纳，并与古典主义学者罗德结下终生友谊。

大学毕业后，尼采被聘为瑞士巴塞尔大学古典语言学系副教授。此后的十年是尼采一生中相对愉快的时期。在巴塞尔，

■ 尼采的故乡。

他结识了许多朋友。可不久，就传来了德法开战的消息，尼采主动要求上前线。在途经法兰克福时，他看到一队阵容整齐的骑兵雄赳赳气昂昂地穿城而过。突然间灵感如潮水般涌出："我第一次感到，至强至高的'生命意志'决不表现在悲惨的生存斗争中，而是表现在一种'战斗意志'，一种'强力意志'，一种'超强力意志'之中！"战后，尼采重返巴塞尔大学任教，并于1872年出版了他的第一部重要著作《悲剧的诞生》。这是一部杰出的艺术著作，充满浪漫色彩和美妙的想象力。他的主要哲学思想也在这部书里开始体现，那就是：靠艺术来拯救人生，赋予生命以一种审美的意义。

1873年至1876年，尼采完成巨著《不合时宜的思想》。尼采在作品中对当时德国的各种思想和文化现象进行了批判，他认

Celebrity stories

为，叔本华才是哲学的代表，哲学家就应当像他那样鄙薄名誉和地位，并甘心为真理而受苦，成为世人的教育者。

然而，长期的漂泊与思考使尼采的健康每况愈下。到了1888年，尼采已经意识到自己的生命即将结束，于是更加废寝忘食地投身于著述中。短短两年时间，他就完成了《偶像的毁灭》《瓦格纳真相》《反基督徒》等著作，自传《看啊，这个人》也在这一时期完成。

1900年8月25日，这位伟大的思想大师在魏玛与世长辞，享年55岁。Celebrity

成功密码

尼采既是哲学家，又是诗人。他以"上帝死了"为口号叩开了人类走向20世纪的大门。尼采的成功，得益于他深邃的洞察力与分析能力，更重要的是，他通过对叔本华哲学体系的思考与怀疑而构建起自己的哲学体系。尼采的"强力意志""超人哲学"在世界范围内产生了深远的影响。

精神分析学派的创始人
弗洛伊德

人物档案

姓　　名：西格蒙德·弗洛伊德
生 卒 年：1856～1939
国　　籍：奥地利
身　　份：心理学家、哲学家
重大成就：创立精神分析学派

1856年，弗洛伊德出生在奥地利弗赖堡一个犹太人家庭。4岁时全家迁居维也纳，他的一生几乎都是在那里度过的。

从小学到大学，弗洛伊德都是一个出类拔萃的学生。1873年，弗洛伊德以优异的成绩考入维也纳大学，就读医学专业。在此期间，他曾跟随当时著名的生理学家布鲁克从事生物学研究整整3年。随后，他又赴法国与著名的精神病学家查尔科特合作研究精神病学。这是弗洛伊德在学术道路上的第一次转折，这一转折在某

■ 弗洛伊德经常学习到深夜，累了就在桌子上趴一会儿。

种意义上决定了他一生的研究方向。

不过，弗洛伊德的心理学理论并不是一下子就形成的，而是在长期的工作中逐渐发展起来的。直到1895年，他才出版了自己的第一部论著《歇斯底里论文集》。这本书对弗洛伊德来说是一个阶段性的学术总结，从此，弗洛伊德的研究日渐系统化。

5年以后，弗洛伊德又出版了第二部论著《梦的解析》。这是他最有创造性、最有意义的论著之一。该书不仅论述了令过去的探讨者感到一筹莫展的梦境生活问题，以及形成梦的种种复杂机制，而且还讨论了深度心理，即无意识的结构和作用方式。弗洛伊德认为，无意识的内容起源于幼儿时

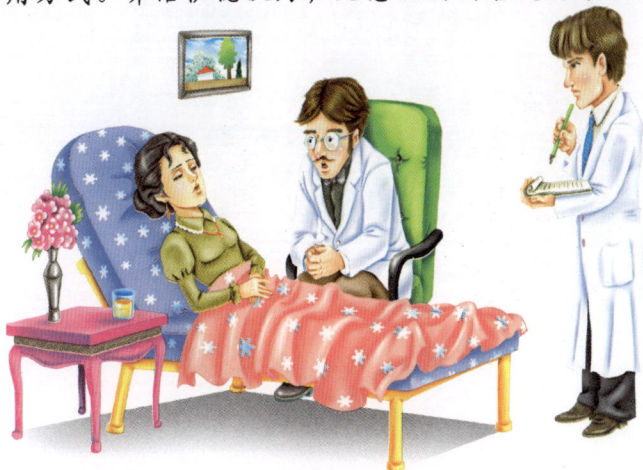

■ 在与查尔科特的合作中，弗洛伊德逐渐成长为一名精神病学专家。

代。而幼儿深度的心理活动是在双亲的性动机和敌对动机驱使下形成的，典型的例子就是俄狄浦斯情结（恋母情结）和厄勒克特拉情结（恋父情结）。这一论断引起了世人的震惊和反感。因此，这本书出版后，遭到了当时医学界的冷落，直到10年以后，才受到重视。一批著名学者，都拜入弗洛伊德门下学习，精神分析学派初步形成，并发展成为一种哲学体系，广泛渗透到其他社会科学领域，在西方社会形成了一股精神分析运动潮流。由此还产生了弗洛伊德主义的名称，弗洛伊德主义成为一股有世界影响力的思潮。在这一时期，弗洛伊德的名

■ 弗洛伊德和他的追随者。

Celebrity stories

声也达到顶峰。许多著名的学者都给他写信或者找机会接触他，媒体巨头也试图借他的名声大捞一把，但都遭到了弗洛伊德的拒绝。他依旧在那间摆满旧物的诊所里诊病、研究，然后和家人去郊区度假。就是这样一个从不追名求利的人，他卓绝的学说、治疗技术以及对人类心理隐藏的那部分的深刻理解，却开创了一个全新的心理学研究领域。他所创立的学说，从根本上改变了世人对人类本性的认识。

成功密码

从一个精神病学家转变为一个思想家，弗洛伊德的转变虽令人惊叹，但也有着必然的起因。扎实的医学功底为他的思想奠定了坚实的基础。关于人的思想及人体奥秘的研究为他打开了一扇大门。紧接着，他以大胆的推理与谨慎的论证创立了精神分析学派，成为了近代最具影响力的思想家之一。

存在主义的导师
萨特

Sartre

人物档案

姓　　名：让—保罗·萨特
生 卒 年：1905～1980
国　　籍：法国
身　　份：哲学家、文学家
重大成就：法国存在主义哲学思想的确立者

　　1905年，萨特出生在巴黎一个海军军官家庭。他幼年丧父，寄居在外祖父家里。萨特的外祖父是一位语言学教授，家里拥有大量藏书，这为萨特提供了丰富的精神食粮。

　　上中学后，萨特开始接触叔本华、尼采等人的著作，他们的哲学思想对萨特产生了深远的影响。除哲学外，萨特对文学也表现出狂热的兴趣。他曾经说："我要同时成为斯宾诺莎和司汤达。"也就是说，他既要成为一个一流的哲学

■ 萨特的故乡——巴黎。

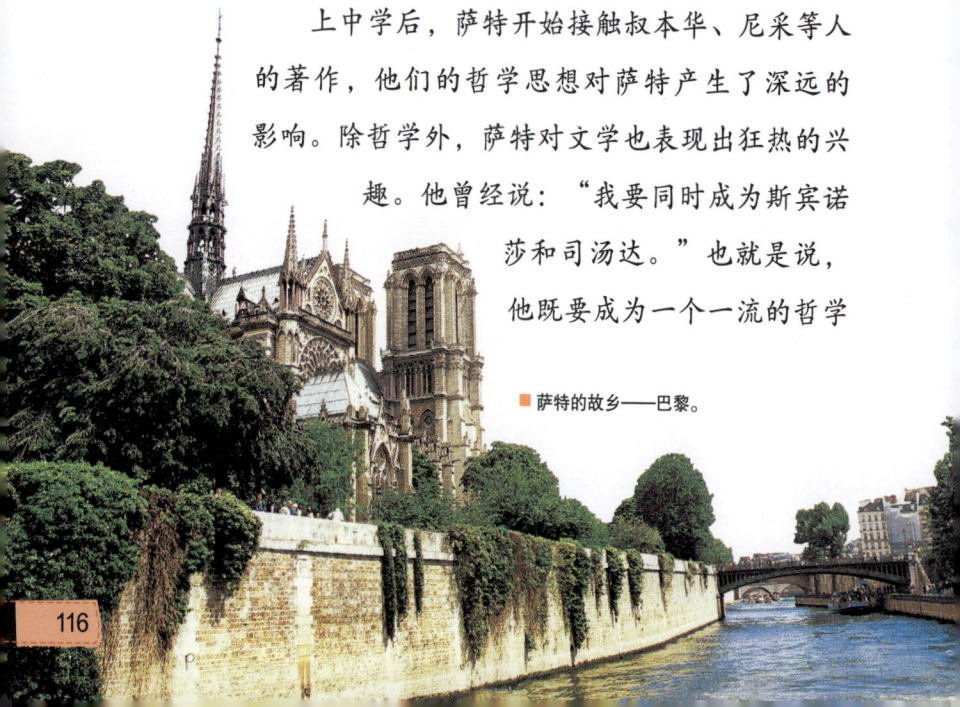

116

家，也要做一个一流的文学家。而这个理想，在几十年后成为现实。

1931年，大学毕业后的萨特来到法国西部小城勒哈弗尔，做了一名中学教师。小城闭塞的生活使萨特产生了深深的失意感，他开始思考"孤独"，并把这种感受带入文字，写成了《论心灵的孤独》《忧郁症》以及《安东纳·洛根丁的奇特冒险》等文章，奠定了自己思想体系的基础。

1939年，第二次世界大战爆发，萨特应征入伍。即使在军营，萨特依旧埋头创作。周围的一切对他来说似乎都不存在。为了节省纸张，笔记本上被他记得密密麻麻的，连一点空隙都没有。一年的前线生活，萨特写下了15本这样的笔记，内容包括哲学思辩、小说梗概、剧情构想，可以说五花八门。其实，除去去世前几年因为半失明而辍笔外，萨特的一生从来没有停止过写作。他说："我没办法让自己看到一张白纸时，不产生在上面写点儿什么的欲望。"

Celebrity stories

巴黎被德军占领后，萨特就跑到一家名叫"花神"的咖啡馆写作。他每天早上9点到咖啡馆，连续工作到晚上8点。他的存在主义哲学就是在这家咖啡馆定型的。

除了对文字的热爱，萨特身上那种狂热的入世精神更令人敬仰，这种入世精神就是他"存在主义"的体现。萨特认为，人的出生具有偶然性，因此，人的一生并不是按照某种事先设定好的路线而继续的。人应当做自己的主人，应当完全进入到自己生存的社会中去，用自己的行为来决定自己的命运。事实上，萨特的一生都在用自己的行动证明自己存在的价值。他的物质生活极其简单，他乐善好施，所有的钱都被他施舍出去。及至去世时，他的家里只有几件破家具。而对于名望，萨特更是视之如敝屣，他甚至拒绝去领诺贝尔奖。他说："一个作家在政治、社会和文学方面的地位，应该仅仅靠他自己的工具，也就是他的文字来获得，任何他可能得到

这就是那座名为"花神"的咖啡馆，它因萨特而驰名世界。

的荣誉都会对读者造成压力，而这种压力是不可取的。所以我拒绝这样做，我拒绝一切荣誉。"然而，就是这样一位拒绝一切荣誉的人，却是许多年轻人的精神导师。他们说："对我们来说，只有一条路，那就是跟着他（萨特）走。"

■ 萨特墓。

1980年，这位"法国知识界的无冕之王"在巴黎去世，数十万群众前来哀悼，给予他至高无上的荣誉。

成功密码

萨特被认为是20世纪"最有独创性的思想家"之一，是法国存在主义哲学思想的确立者。少年时代大量的阅读对其哲学思想体系的形成和发展产生了重要的影响。此后，他一直都在积极地寻找着一种新的哲学来解释这个世界，并努力在现实中去实践这一哲学思想。因而，他最终成了存在主义哲学大师。

图书在版编目（CIP）数据

圣哲名师 / 龚勋主编. —南昌：江西教育出版社，
2016.11

（影响孩子一生的中外名人成才故事）

ISBN 978-7-5392-9142-0

Ⅰ．①圣… Ⅱ．①龚… Ⅲ．①哲学家－生平事迹－世
界－儿童读物 Ⅳ．①K815.1-49

中国版本图书馆 CIP 数据核字(2016)第 278531 号

圣哲名师
SHENGZHE MINGSHI

龚勋　主编

江西教育出版社出版

（南昌市抚河北路 291 号　邮编：330008)

各地新华书店经销

北京市松源印刷有限公司印刷

889 毫米×1194 毫米　32 开本　4 印张　字数 100 千字

2016 年 12 月第 1 版　2017 年 5 月第 2 次印刷

ISBN 978-7-5392-9142-0

定价：16.00 元